Liebe Schülerin, lieber Schüler,

dieses Heft soll dich bei der Vorbereitung auf die Prüfung DELF B1 unterstützen. Es enthält sowohl Aufgaben zum DELF B1 als auch Übungen zur Version, die in Bayern neben dem DELF B1 Bestandteil der Abschlussprüfung für Realschulen ist.

Der erste Teil des Heftes liefert dir zahlreiche **Informationen** zu den folgenden Teilen der DELF-Prüfung:

- Compréhension de l'oral (Hörverstehen)
- Compréhension des écrits (Leseverstehen)
- Production écrite (Schreibfertigkeit)
- Production orale (Sprechfertigkeit)

Du findest dort neben zahlreichen **Tipps** auch eine **Übersicht an sprachlichen Hilfsmitteln**, die für die Bearbeitung der einzelnen Bereiche des DELF B1 sehr hilfreich sind.

Der zweite Teil des Heftes umfasst **drei Prüfungssets mit Übungen und Tipps** zu den einzelnen Teilbereichen des DELF B1. Gleich im Anschluss an die einzelnen Sets findest du **Musterlösungen** zu den jeweiligen Aufgaben. So kannst du deine Lösungen selbstständig überprüfen und korrigieren.

Im Anhang des Heftes findest du **Mindmaps** mit wichtigen Vokabeln zu verschiedenen Themengebieten und ein Lernprotokoll mit dem du deinen Lernfortschritt genau dokumentieren kannst.

Viel Erfolg bei der Prüfung DELF B1 wünscht dir
das Tous ensemble-Team

Inhalt der CD

Track	Examen	Einsatz	Titel der Übung	Spielzeit
1	1	Consigne générale		00’47
2	1	Exercice 1 – 1ère écoute	Les informations	2’50
3	1	Exercice 1 – 2ème écoute	Les informations	2’50
4	1	Exercice 2 – 1ère écoute	Un reportage	2’16
5	1	Exercice 2 – 2ème écoute	Un reportage	2’19
6	1	Exercice 3 – 1ère écoute	Une interview	3’05
7	1	Exercice 3 – 2ème écoute	Une interview	3’07
8	2	Consigne générale		00’46
9	2	Exercice 1 – 1ère écoute	Une visite guidée	2’32
10	2	Exercice 1 – 2ème écoute	Une visite guidée	2’35
11	2	Exercice 2 – 1ère écoute	Une émission de radio	3’11
12	2	Exercice 2 – 2ème écoute	Une émission de radio	3’13
13	2	Exercice 3 – 1ère écoute	Un reportage à la radio	2’14
14	2	Exercice 3 – 2ème écoute	Un reportage à la radio	2’17
15	3	Consigne générale		00’46
16	3	Exercice 1 – 1ère écoute	Messages sur le répondeur	2’59
17	3	Exercice 1 – 2ème écoute	Messages sur le répondeur	3’03
18	3	Exercice 2 – 1ère écoute	Annonce dans le métro	1’44
19	3	Exercice 2 – 2ème écoute	Annonce dans le métro	1’47
20	3	Exercice 3 – 1ère écoute	Une interview à l’école	2’38
21	3	Exercice 3 – 2ème écoute	Une interview à l’école	2’45
Gesamtlaufzeit				**49’57**

Compréhension de l'oral

Dauer: 25 Minuten **Gesamtpunktzahl: 25**

Was erwartet dich in diesem Prüfungsteil?	TIPP
In diesem Prüfungsteil hörst du **drei Hördokumente**. Vor jedem Dokument hast du einige Sekunden Zeit, um die Fragen durchzulesen. Dann hörst du jeden Text zwei Mal hintereinander. Nach jedem Hören hast du genügend Zeit um deine Antworten zu ergänzen oder zu korrigieren.	– Vor dem ersten Anhören ist es wichtig, dass du dir die **Aufgaben genau durchliest** und dir überlegst, worum es in dem Hördokument gehen könnte und welche Antworten logisch richtig wären. Auch **Bilder** oder der **Titel** des Hörtextes können dir dabei behilflich sein. – Achte beim Hören auch auf die **Stimmen der Sprecher**, **ihren Tonfall** und **Geräusche**. Sie können dir helfen, die Situation richtig einzuschätzen und Zusammenhänge besser zu verstehen. – Versuche beim ersten Hörduchgang den **roten Faden** zu erfassen. – Solltest du beim ersten Anhören nicht sofort alle Fragen beantworten können, ist dies nicht schlimm. Es gibt ja noch einen **zweiten Durchgang**! – Versuche grundsätzlich, zu allen Fragen eine **Antwort** zu geben, auch wenn du dir nicht sicher bist. – Sollten dir Wörter unbekannt sein, denke an **Worterschließungstechniken** (Siehe S. 5).

Compréhension des écrits

Dauer: 35 Minuten **Gesamtpunktzahl: 25**

Was erwartet dich in diesem Prüfungsteil?	TIPP
Exercice 1: In der ersten Aufgabe wirst du vier kurzen Texten gezielt bestimmte Informationen entnehmen und diese miteinander vergleichen. Mögliche Texte können z. B. Buchbeschreibungen, Werbeanzeigen, Hotel-Anzeigen, Filmkritiken usw. sein. Nach der Auswertung der jeweiligen Texte musst du eine Entscheidung treffen (z. B. Hotel A ist die beste Wahl.)	– Lies dir zunächst die **Aufgabenstellung** genau durch, damit du weißt, worauf es beim Lesen der Texte ankommt und auf welche **Kriterien** du achten musst. Unterstreiche die wichtigsten Informationen (Schlüsselwörter). – Erst dann solltest du die **Texte lesen**. Hierbei kann es hilfreich sein, wichtige Passagen farbig zu **markieren**. – Achte darauf, dass dir noch genügend Zeit für die Bearbeitung der zweiten Aufgabe bleibt.
Exercice 2: In der zweiten Aufgabe wirst du mit einem etwas längeren Text konfrontiert, zu dem du verschiedene Aufgaben bearbeiten sollst.	– Lies zunächst den ganzen Text einmal durch. Achte auch auf die Überschrift und auf Quellenangaben. Um welche **Textsorte** handelt es sich? (Interview?, Filmkritik?, Reisebericht? Reportage? usw.) Was ist die **Intention** des Autors? Wer vertritt welche **Meinung**? – Beschäftige dich jetzt mit den **Fragen** zum Text und filtere beim zweiten Durchlesen die geforderten Informationen heraus. – Wenn du dir bei einer Frage nicht sicher bist, markiere diese mit einem **Fragezeichen**. So kannst du dich am Ende der Prüfung noch einmal gezielt mit den Fragen beschäftigen, die noch unklar sind. – Mach dir bewusst, dass du nicht jedes einzelne Wort eines Textes kennen musst, um den **Inhalt** verstehen zu können. – Denke immer daran, dass es verschiedene **Strategien** gibt, um unbekannte Wörter zu erschließen. 1) Kann ich das Wort aus dem Deutschen / Englischen oder anderen Fremdsprachen ableiten? (z. B. chair – chaise) 2) Kenne ich bereits ein französisches Wort aus der gleichen Wortfamilie? (z. B. le départ – partir) 3) Kann mir das Bildmaterial zum Text weiterhelfen? 4) Lässt sich das Wort aus dem Textzusammenhang erschließen? (z. B. *Le train arrive sur <u>la voie</u> 10.*)

Production écrite

Dauer: 45 Minuten **Gesamtpunktzahl: 25**

Was erwartet dich in diesem Prüfungsteil? Bewertungskriterien: Wie viele Punkte werden pro Kriterium maximal vergeben? Worauf muss ich genau achten?	TIPP
In dieser Aufgabe wirst du einen zusammenhängenden, logisch aufgebauten Text zu einem bestimmten Thema verfassen. Dabei wird erwartet, dass du deine Meinung und deine Gefühle zum Ausdruck bringst. Mögliche Textsorten wären persönliche oder formelle Briefe, Filmkritiken, Reiseberichte, Artikel in einer Schülerzeitung oder einem Internetforum, usw. **Respect de la consigne (2 points)** *Habe ich die Arbeitsanweisung genau gelesen und verstanden? Ist die Länge meines Textes angemessen (160–180 Wörter)?*	– Beim Wörterzählen sparst du dir Zeit, wenn du zunächst die Wörter einer Zeile exemplarisch zählst und diese dann mit der Anzahl der Zeilen deines Textes multiplizierst. – Im Französischen werden im Übrigen Wortzwischenräume gezählt. (*c'est* = 1 Wort, *il y a* = 3 Wörter)
Capacité à présenter des faits (4 points) *Habe ich alle Punkte der Arbeitsanweisung aufgegriffen?* *Habe ich Ereignisse und Erfahrungen anschaulich beschrieben?*	– Lies dir die Arbeitsanweisung genau durch, markiere die wichtigsten Punkte farbig und hake sie beim nochmaligen Durchlesen deines Aufsatzes ab. – Um einen Text anschaulich zu gestalten, hilft dirzum Beispiel die Verwendung von Adjektiven wie beau, intéressant, incroyable, utile, nul / bon, drôle, sympa, rigolo, suffisant, malheureux, unique, typique, terrible, magnifique, méchant, …
Capacité à exprimer sa pensée (4 points) *Habe ich meine Meinung und meine Gefühle zum Ausdruck gebracht?*	Verwende **Ausdrücke** wie: – **j'adore / aime / je préfère / déteste / regrette …** – **je veux …, j'ai envie …, je voudrais …** – **je pense que …, je trouve que …, je crois que …, à mon avis …, j'espère que …**, je suis sûr(e) que …, je suis convaincu(e) que …, je suppose que …, j'estime que …, j'ai l'impression que …, pour moi … – **ça me plaît** / me fait plaisir / m'amuse / **m'intéresse** / m'ennuie / **m'énerve** – **je suis (mal)heureux (-euse), content(e), triste, furieux(-se), désolé(e) parce que …** – je n'ai pas compris pourquoi …, je me demande si … – je suis du même avis que …, je suis d'accord avec l'opinion de …, ça me plaît beaucoup parce que …, je ne vois pas les choses de la même manière – **c'est important de …, il faut / on doit … (+ inf.),** c'est indispensable de …, il est mieux de … – d'un côté, il/elle a raison, mais …, **d'un côté … de l'autre côté …, je suis pour … parce que …, en conclusion on peut dire que …, (mal)heureusement, …** – **peut-être,** sans doute

Cohérence et cohésion (3 points)
Habe ich meinen Text gut strukturiert (Einleitung, Hauptteil, Schluss)?
Habe ich die Inhalte logisch miteinander verbunden?

Bevor du zu schreiben beginnst, erstelle dir eine **Grobgliederung**, aus der dein Textaufbau hervorgeht.

Beispiel:

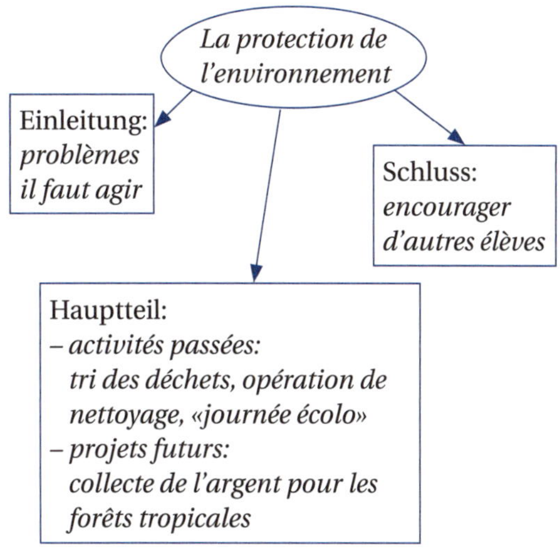

– Um einen Text inhaltlich gut zu **strukturieren**, helfen dir folgende **Ausdrücke**:

(Tout) d'abord …
Pour commencer …
Premièrement … (deuxièmement … troisièmement …)

Ensuite / puis …
En plus, au-delà
Avant, pendant, après, depuis ce temps …

Contrairement à / au contraire de …, pourtant, quand même, même si
En comparaison avec …
A l'exception de …
Pourquoi?
Comme …, … parce que …, pour (+inf.), à cause de cela, …
Ainsi, …
D'un côté … de l'autre côté
Selon …, d'après …

Enfin / finalement …
Bref, …
En conclusion, (on peut dire que …)

Compétence lexicale et orthographe	TIPP
Etendue du vocabulaire (2 points) *Habe ich möglichst abwechslungreichen Wortschatz verwendet?*	Lerne Vokabeln am besten **thematisch geordnet**, z. B. in Form von Mindmaps (S. 69). Bevor du zu schreiben beginnst, kann auch ein kurzes Brainstorming zur jeweiligen Thematik helfen. **Vermeide Wiederholungen**!
Maîtrise du vocabulaire (2 points) *Habe ich die Vokabeln sprachlich und inhaltlich im richtigen Zusammenhang verwendet?*	Achte auf die richtigen **Artikel, Präpositionen** und **Verbanschlüsse**. Vorsicht beim Gebrauch von sog. ***faux amis*** (z. B. frz. *magasin* ≠ dt. Magazin)
Maîtrise de l'orthographe (2 points) *Ist mein Text gut verständlich und äußerlich ansprechend?*	Achte beim Durchlesen deines Textes gezielt auf korrekte **Rechtschreibung, Akzent- und Zeichensetzung**. Gliedere deinen Text in **Paragraphen** (Einleitung, Hauptteil, Schluss).

Compétence grammaticale	TIPP
Degré d'élaboration des phrases (2 points) *Habe ich gezeigt, dass ich verschiedene Satzkonstruktionen beherrsche?*	Verwende nicht nur einfache Satzkonstruktionen (z. B. Sätze mit *quand, parce que, mais …*) sondern auch gängige **komplexe Satzkonstruktionen** wie: – Relativsätze mit *qui/que/où* – indirekte Rede *(il dit que …, je me demande si …)* – Fragen – Imperative
Choix des temps et des modes (2 points) Habe ich die Zeiten im richtigen Kontext angewandt?	Versuche, in deinen Text möglichst **alle Zeiten** einzubauen, die du gelernt hast: – *Futur simple und Futur proche* – *Présent* – *Passé composé und Imparfait* – *Conditionnel*
Orthographe grammaticale (2 points) *Beherrsche ich die wichtigen grammatikalischen Strukturen?*	**Achte besonders auf:** – richtige Verbendungen bzw. korrekte Zeitenbildung – die richtige Stellung und Form von Pronomen und Adjektiven (z. B. *beau, nouveau, bon, grand/petit, …*) – unregelmäßige Pluralbildung (z. B. *animaux*) und Endung von Nomen (z. B. Plural-s)

Production orale

Exercice 1: Entretien dirigé (2 – 3 Minuten) **Gesamtpunktzahl: 25**

Was erwartet dich in diesem Prüfungsteil? Nach welchen Kriterien wirst du bewertet? Wie viele Punkte werden hier vergeben?	TIPP
In diesem Teil der mündlichen Prüfung sollst du zeigen, dass du über dich und dein Umfeld sprechen kannst. **Bewertungskriterien:** *Kann ich meine Aussagen erklären und begründen? Wie sicher bin ich in einem spontanen Gespräch über bekannte Themen?* **(3 points)**	– **Begrüße** deinen Prüfer! Der erste Eindruck zählt! – Da dieser Teil der Prüfung immer gleich abläuft, hast du die Möglichkeit, dich bereits im Vorfeld darauf vorzubereiten. a) Die **Mindmap** im Anhang kann dir hierbei helfen b) Sinnvoll ist auch, sich im Vorfeld stichpunktartig **zu notieren**, was man sagen möchte. Dein Lehrer korrigiert es dir bestimmt gerne! Vermeide jedoch, diesen Text auswendig vorzutragen! – Versuche, möglichst viel von dir aus zu erzählen, denn so kannst du das **Gespräch besser lenken**! – Gehe auf die **Fragen deines Prüfers** ein! Hast du eine Frage nicht verstanden, **frage auf Französisch nach**! **Mögliche Prüferfragen** können sein: – Quels sont vos projets professionnels? – Où avez-vous passé vos dernières vacances? – Parlez-moi de vos passe-temps préférés. – Parlez-moi de votre famille. – Parlez-moi de votre école. – Parlez-moi de votre ville / village. – Comment est-ce que vous fêtez votre anniversaire? – Parlez-moi de vos sorties. – Parlez-moi de votre film / livre préféré. – Quelle est votre matière préférée au collège? – Où et quand est-ce que vous faites vos devoirs?

Exercice 2: Exercice en interaction (3 – 4 Minuten)

Was erwartet dich in diesem Prüfungsteil? Nach welchen Kriterien wirst du bewertet? Wie viele Punkte werden hier vergeben?	TIPP
In diesem Teil der Prüfung besteht deine Aufgabe darin, ohne Vorbereitung ein Alltagsproblem sprachlich zu bewältigen. Du bekommst zwei Themen zur Auswahl und darfst dich für eines entscheiden. Während des Dialogs mit dem Prüfer sollst du zeigen, dass du sowohl auf deinen Gesprächspartner eingehen, als auch deinen eigenen Standpunkt vertreten kannst. **Bewertungskriterien:** *Kann ich höflich argumentieren? Verwende ich eine angemessene Anrede (Bsp.: Sie vs. du)?* *Kann ich meine Überzeugung (Ablehnung/Zustimmung) zum Ausdruck bringen?* *Finde ich eine Lösung für das Problem?* **(5 points)**	Folgende Redewendungen können dir helfen, um auf die Argumente deines **Gesprächspartners eingehen** zu können: C'est bien, j'aimerais toutefois / cependant … Je suis désolé(e), mais … Je regrette, mais … Là, je suis d'accord avec vous / vous avez tort. Vous avez raison, mais … Vous vous trompez. C'est faux / juste … même si … C'est très gentil de votre part, mais … Die **Mindmaps** (S. 69) werden dir besonders in diesem Prüfungsteil helfen, dich in verschiedenen **Alltagssituationen** angemessen ausdrücken zu können.

Exercice 3: Expression d'un point de vue (6 – 7 Minuten)

Was erwartet dich in diesem Prüfungsteil? Nach welchen Kriterien wirst du bewertet? Wie viele Punkte werden hier vergeben?	TIPP
Hier wird von dir erwartet, dass du nach einer 10-minütigen Vorbereitungszeit über einen kurzen Text sprechen und deine **Meinung** zu dem im Text angesprochenen Thema vertreten kannst. **Bewertungskriterien:** *Kann ich meine Meinung klar äußern und begründen? Gelingt es mir, meine Argumente logisch miteinander zu verbinden?* **(5 points)**	Um **über einen Text zu sprechen,** können folgende Redewendungen hilfreich sein: Il s'agit d'un texte sur … Le texte traite de … Il s'agit d'un article dans un journal / d'un sondage / d'une interview / d'une publicité / … Dans le texte, il s'agit de … Le texte parle de … L'auteur dit / pense / écrit / critique que … Selon / D'après l'auteur … Au début / A la fin du texte on parle de … Le texte s'adresse à … L'article souligne / mentionne / raconte / présente/ révèle … Je (ne) partage (pas) l'opinion de l'auteur parce que … Contrairement à l'auteur, je pense que … En conclusion, on peut dire que … Um deine **Meinung auszudrücken**, helfen dir die Redewendungen, die du schon aus den Tipps zur Textproduktion *(Capacité à exprimer sa pensée)* kennst.

Pour l'ensemble des trois parties de l'épreuve

Deine sprachliche Leistung wird in allen drei Bereichen nach folgenden Kriterien bewertet:

Lexique (étendue et maîtrise) *Verfüge ich über genügend Wortschatz, um über gängige Themen angemessen sprechen zu können?* **(4 points)**	Lerne Vokabeln am besten thematisch geordnet, z. B. in Form von Mindmaps. Wenn dir ein wichtiges Wort fehlt … – versuche, es zu umschreiben (z. B. *un maillot de bain > un vêtement pour faire de la natation*) – einen Oberbegriff zu finden (z. B. *C'est un vêtement.*) – oder durch das Gegenteil zu erklären (z. B. *Il n'est pas grand. > Il est petit.*)
Morphosyntaxe *Kann ich mich mithilfe von einfachen und gängigen komplexeren Satzstrukturen ausdrücken?* **(5 points)**	Verwende nicht nur einfache Satzkonstruktionen (z. B. Sätze mit *quand, parce que, mais …*), sondern auch gängige komplexe Satzkonstruktionen wie: – Relativsätze mit *qui / que / où* – indirekte Rede (*Je me demande si …*) – Fragen
Maîtrise du système phonologique *Habe ich eine gut verständliche Aussprache? Bin ich in der Lage meine Gedanken weitgehend flüssig zu formulieren?* **(3 points)**	Um kurze Sprechpausen zu überbrücken, kannst du Füllwörter verwenden, wie z. B. Enfin … / Vous voyez … / Ben … / Comment dire? / Alors … / Donc … / C'est-à-dire … Bei Verständnisschwierigkeiten können dir folgende Formulierungen helfen: Pardon, je n'ai pas bien compris. Pouvez-vous répéter, s'il vous plaît? Qu'est-ce que vous voulez dire?

1. Compréhension de l'oral — 25 points

01-07

TIPP
Bevor du mit den Hörverstehensübungen beginnst, lies dir bitte die Hinweise zur *Compréhension de l'oral* auf Seite 4 genau durch.

Vous allez entendre 3 documents sonores, correspondant à des situations différentes.
Pour chaque document, vous aurez:
- 30 secondes pour lire les questions;
- une première écoute, puis 30 secondes de pause pour commencer à répondre aux questions;
- une deuxième écoute, puis 1 minute de pause pour compléter vos réponses.

Répondez aux questions en cochant (✕) la bonne réponse ou en écrivant l'information demandée.

Exercice 1: Les informations — 10 points

Répondez aux questions en cochant (✕) la bonne réponse ou en écrivant l'information demandée.

1. Ce sont les infos de … — 1
☐ 15h55. ☐ 5h15. ☐ 15h05.

2. Sur l'autoroute A8, il faut être prudent parce qu'… — 1
☐ il y a un bouchon. ☐ il y a eu un accident. ☐ un camion est tombé en panne.

3. Pourquoi faut-il faire attention sur l'A9? — 2

____

TIPP
Die Mindmap zum Thema *voyager* kann dir bei der Bearbeitung dieser Aufgabe behilflich sein.

4. Quel temps fait-il aujourd'hui
– au bord de la Méditerranée? — 1
☐  ☐  ☐ 

– dans les Alpes? — 1
☐  ☐  ☐ 

5. Les numéros gagnants du loto sont: — 2

le 12, le ______, le 27, le 34, le 45 et le ______.

6. Pour plus d'informations, renseignez-vous sur — 2

www. ______________.fr

Exercice 2: Un reportage **6 points**

Répondez aux questions en cochant (✕) la bonne réponse ou en écrivant l'information demandée.

1. En 2007, *Ratatouille* … 1
☐ a gagné l'Oscar du meilleur film d'animation.
☐ était le film le plus vu aux Etats-Unis.
☐ était le film le plus célèbre en France.

2. Quand est-ce que le premier DVD du film est sorti? 2

____

3. Pour participer au concours RATP, il faut proposer … 2

____

4. Pour participer au concours, on doit respecter une chose: il faut … 1
☐ utiliser des ingrédients bio. ☐ s'inspirer du métro parisien. ☐ être un cuisinier français.

TIPP
Lies dir die Mindmap zum Thema *les médias* durch, bevor du diese Aufgabe machst.

Exercice 3: Une interview **9 points**

TIPP
Schau dir vor der Bearbeitung dieser Aufgabe die Mindmap zum Thema *école* an.

Répondez aux questions en cochant (✕) la bonne réponse ou en écrivant l'information demandée.

1. L'interview a lieu … 1
☐ à l'école de Montainville. ☐ dans le bureau du journaliste. ☐ chez les deux jeunes.

2. Sur quelles matières est-ce que Nicolay travaille le matin? 1,5

____

3. Il voit ses amis … 1
☐ tous les après-midi. ☐ tous les soirs. ☐ une fois par semaine.

4. Avec qui travaille-t-il? 1,5

____

5. Nicolay voudrait bien … 1
☐ avoir moins de devoirs à faire. ☐ recevoir un bulletin détaillé. ☐ faire un voyage scolaire.

6. Aurélia … 1
☐ a cours à l'école. ☐ étudie par correspondance. ☐ travaille avec un prof chez elle.

7. Comment est-ce que la journaliste trouve cette manière de travailler? 2

____

TIPP
Vergiss bitte nicht, dir die Hinweise zur *Compréhension des écrits* auf Seite 5 durchzulesen.

TIPP
Die Mindmap zum Thema *voyager* ist für diese Aufgabe sehr hilfreich.

2. Compréhension des écrits — 25 points

Exercice 1 — **10 points**

Vous voulez passer vos prochaines vacances de Noël avec quatre copains dans les Alpes pour faire du ski. Sur Internet, vous cherchez un hôtel qui propose un **tarif de groupe**. Comme vous n'avez pas de voiture, le plus important pour vous est que l'hôtel soit **près des pistes**. Vous êtes tous **sportifs**, vous aimez **le ski de nuit** et vous préférez une résidence où vous pouvez **faire la fête**.

Vous trouvez les offres suivantes. Quel logement choisissez-vous?

Méribel – Hôtel Club du Paradis Blanc**

Situation de votre hôtel
Au cœur du plus grand domaine skiable du monde «Les 3 Vallées» (600 km de pistes), Méribel est appréciée pour son ambiance jeune et familiale. L'Hôtel Club du Paradis Blanc est situé non loin des pistes, à 200 m du téléphérique (ouvert de 8 h à 16 h 30). Dernière remontée: 16 h.

Formule spéciale (sauf vacances scolaires)**: 7 nuits à 350 euros**
– Chambre double.
– Petit-déjeuner, déjeuner, dîner.

Services
– A votre disposition: bar, terrasse et, avec un supplément de 5 €, accès à la salle de musculation.
– Possibilité de louer ski ou snowboard (prix indiqués à la réception).

Activités / Loisirs dans l'hôtel
Cours de danse, jeux (du lundi au vendredi à partir de 19 heures).

Courchevel – Hôtel du Soleil

La diversité des pistes et des paysages fait le bonheur des skieurs à Courchevel!

Les plus de l'Hôtel du Soleil
– Une demi-heure en bus pour accéder aux pistes.
– Animaux de petite taille acceptés: 10 €/ animal / nuit.
– Accès Internet (3 € par heure).
– Chambres famille, prix réduit pour groupes (à partir de 5 personnes).
– Sensation: ski de nuit tous les jeudis et vendredis.

Après le ski …
Pour se détendre et rester en forme, profitez de notre espace Aquaclub (piscine, sauna, solarium). Entrée gratuite.
En soirée: bar et restaurant.

Val Thorens – Résidence Le Petit Prince

Votre ville de séjour
La résidence Le Petit Prince est constituée d'un immeuble de 6 étages et se trouve en pleine nature.
Le téléphérique est à 15 km de la résidence.
Discothèque dans le village voisin (12 km).

Tarifs spéciaux proposés
– Studio cabine 4 personnes (20 m^2): 800 euros par semaine.
– 2 pièces 5 personnes (27 m^2): 870 euros par semaine.

Autres services
Pistes de nuit ouvertes en décembre et en janvier.
Prix pour utilisation du sauna, de la salle de musculation et du solarium non compris.

Tignes – Résidence Altitude

Votre résidence
Les appartements sont répartis dans différentes résidences qui se trouvent entre 100 et 200 m des pistes et des remontées mécaniques (horaires d'ouverture: 8 h à 16 h 30).

Les logements proposés
– Studio 2 personnes (environ 13 à 15 m^2)
– 2 pièces 5 personnes (environ 25 à 35 m^2): réduction de 30 %!

Sports et loisirs offerts à la résidence (payants)
– 2 halfpipes, 1 snowpark.
– Scooters des neiges et traîneaux à chiens.
– Squash et tennis couvert.
– Discothèque (nuit du rock tous les vendredis et samedis avec DJ Mat).

Pour chaque logement et pour chaque critère, mettez une croix dans la case «Cela convient» 🙂 ou «Cela ne convient pas» 🙁.

	Hôtel Club du Paradis Blanc		Hôtel du Soleil		Résidence Le Petit Prince		Résidence Altitude	
	🙂	🙁	🙂	🙁	🙂	🙁	🙂	🙁
Près des pistes								
Tarif de groupe								
Pistes éclairées la nuit								
Activités sportives gratuites								
Soirées animées à l'hôtel / à la résidence								

Quel logement choisissez-vous?

TIPP
Hast du dir die Mindmap zum Thema *les médias* schon angesehen?

Exercice 2 **15 points**

Pourquoi aime-t-on les pubs à la télé?

En janvier, c'est la Semaine de la publicité. A cette occasion, focus sur la publicité à la télé qui nous amuse et nous informe autant qu'elle nous énerve!

Elles sont trop longues, trop nombreuses et très énervantes quand elles interrompent un film. Et pourtant … «J'adore regarder des pubs à la télé!», dit Sarah, 14 ans. Elle n'est pas la seule. En général, les jeunes sont le meilleur public des publicités télévisées … au grand désespoir de leurs parents. «La réalité, c'est que les pubs plaisent autant aux enfants qu'aux parents. Seulement, les parents ne veulent pas le reconnaître …», relativise Stéphane Martin, directeur délégué du Syndicat national de la publicité télévisée. Alors pourquoi aime-t-on tant les pubs?

Spots de choc!

Un «spot» de pub (petit film) est très court: pas plus de 30 secondes. Pour attirer notre attention, les publicitaires essaient d'être le plus original possible: ils utilisent des images étonnantes et des phrases choc. Tout le monde s'y retrouve. Et lorsque les noms de grands cinéastes apparaissent sur l'écran (Jean-Pierre Jeunet, Alain Chabat …), cela donne des pubs vraiment sensationnelles. Un prix est même donné chaque année pour récompenser la meilleure publicité et la meilleure agence de pub: le Lion d'or.

Résultat: «La pub est le meilleur moyen au monde pour faire passer un message», dit Sarah. «Bien faites, elles sont la source de fous rires ou d'une réflexion.» Amusantes, informatives? Bien sûr. Mais les pubs sont avant tout un moyen pour nous encourager à acheter. Les publicitaires sont payés pour dire qu'un produit est le meilleur du monde. Comme le dit Sophie de Menthon dans son livre *La publicité*: «La bonne attitude, c'est d'acheter quelque chose parce qu'on en a vraiment besoin et pas seulement parce que la pub est rigolote!»

C'est quoi une bonne pub?

Louis, 14 ans

«Elle doit toucher un large public, elle doit rester facilement dans la mémoire. Le slogan est aussi très important.

Mes pubs préférées sont les pubs humoristiques parce qu'elles ont souvent de bonnes idées et sont créatives. Celles que je déteste? Celles pour des produits de beauté ou de shampoings où on fait de la pub pour la marque, sans justification ni originalité.»

Sarah, 14 ans

«Mes pubs préférées sont les pubs *Oasis* car les personnages sont vraiment très amusants. Elles ne nous donnent pas l'impression d'être «obligés» d'acheter. Les pubs sur des sujets graves comme la drogue, le sida, les accidents de voiture, etc. font aussi réfléchir, elles sont utiles pour le bien des gens.»

Article paru dans LE JOURNAL DES ENFANTS du jeudi 10 janvier 2008
(425 mots)

Lisez le texte, cochez (✕) la bonne réponse et donnez les informations qui manquent.

1. L'article … 2
   - ☐ décrit la Semaine de la publicité.
   - ☐ présente les meilleures pubs du monde.
   - ☐ parle des effets de la publicité.

2. D'après le texte, quels sont les aspects négatifs de la pub? 2
   Donnez deux exemples.

   ____

   ____

3. La publicité est seulement populaire chez les jeunes. 1,5
   ☐ vrai ☐ faux

   Justification:

   ____

   ____

4. Que font les publicitaires pour rendre les pubs intéressantes? 1,5
   Donnez un exemple.

   ____

   ____

5. Chacun peut s'identifier à l'univers présenté dans une bonne pub. 1,5
   ☐ vrai ☐ faux

   Justification:

   ____

6. Le Lion d'or est le nom … 1
   ☐ du meilleur produit de l'année. ☐ d'une agence de pub. ☐ d'un prix.

7. Le but principal de la pub, c'est d'amuser et d'informer le spectateur. 1,5
   ☐ vrai ☐ faux

   Justification:

   ____

   ____

8. Mme de Menthon pense qu'il ne faut pas acheter un produit simplement parce que la pub pour ce produit est bonne. 1,5
   ☐ vrai ☐ faux

   Justification:

   ____

9. Louis préfère les pubs qui 1
   ☐ étonnent le public. ☐ font rire le spectateur. ☐ présentent des marques.

10. Selon Sarah, quels sont les aspects positifs des pubs sérieuses?
    Donnez un exemple. 1,5

    ____

TIPP
Denke daran, dir die Hinweise zur *Production écrite* auf Seite 6 durchzulesen, bevor du an diese Aufgabe herangehst.

TIPP
Die Mindmap *environnement* liefert dir bei der Erstellung des Schülerzeitungsartikels zahlreiche Ideen. Versuche, dir den Wortschatz einzuprägen und dann möglichst viele Begriffe in deinen Aufsatz einzubauen.

3. Production écrite 25 points

Exercice: Un article dans un journal scolaire

Vous êtes dans le club écologiste de votre collège. Votre corres français s'intéresse à votre club et vous demande d'écrire un article pour le journal scolaire de son collège. Dans cet article, vous **présentez** votre club (1), vous expliquez **pourquoi** vous en êtes membre (2). Vous parlez aussi des **activités** que votre club a déjà organisées (3) à l'école et de vos **projets futurs** (4).

Ecrivez un texte construit et cohérent pour le journal scolaire de votre corres.
Donnez votre opinion et vos impressions (160 à 180 mots).

4. Production orale

25 points

Exercice 1: Entretien dirigé (2 à 3 min)
Zu Beginn der Prüfung wirst du gebeten, dich kurz vorzustellen.

Présentation générale:
Bonjour … Pouvez-vous vous présenter, me parler …
– de vous,
– de votre famille / âge / ville / école / maison / chambre / animal domestique,
– de vos amis / loisirs / dernières vacances / projets …?

Exercice 2: Exercice en interaction (3 à 4 min)

In diesem Teil der Prüfung ziehst du zwei Situationen und darfst dir eine davon aussuchen.

Situation 1

On va au Louvre?

Vous êtes chez votre correspondant(e) à Paris. Les parents de votre corres font des projets pour le week-end. Ils veulent vous montrer le musée du Louvre. Mais voilà, vous n'avez pas envie d'y aller. Vous expliquez pourquoi et vous faites d'autres propositions.

(L'examinateur joue le rôle de la mère/du père de votre corres.)

TIPP
Vergiss nicht, dir die Hinweise zur *Production orale* auf Seite 9 durchzulesen.

TIPP
In der Mindmap *parler de moi* findest du wichtige Begriffe für diesen Prüfungsteil.

TIPP
Versuche immer, deinen Gesprächspartner von deinem Standpunkt zu überzeugen.

Questions possibles:

1. Est-ce que tu as envie d'aller au musée du Louvre, samedi?
2. Tu n'aimes pas les musées? Pourquoi?
3. Et en Allemagne, est-ce que tu vas de temps en temps au musée? Pourquoi (pas)?
4. Est-ce que tu aimerais aller au théâtre avec nous samedi soir?
5. Qu'est-ce qui t'intéresse alors? Tes parents / copains et toi, quelles activités est-ce que vous faites ensemble?

Situation 2

TIPP
Denk daran, dass dein Redeanteil immer höher sein soll als der des Prüfers!

Le porte-monnaie volé

Vous faites un voyage scolaire à Nantes. Cet après-midi, vous faites des courses aux Galeries Lafayette avec vos camarades de classe. Mais tout à coup, vous remarquez que votre porte-monnaie n'est plus là. A ce moment-là, vous voyez une personne qui quitte le magasin rapidement. Vous parlez au responsable du magasin et vous lui donnez tous les détails importants (lieu, heure, porte-monnaie, le voleur ...).

(L'examinateur joue le rôle du responsable du magasin.)

Questions possibles:

1. Où et quand est-ce que le vol s'est passé exactement?
2. Et le voleur, pouvez-vous le décrire?
3. Pouvez-vous décrire le porte-monnaie?
4. On va informer la police. Il nous faut encore vos coordonnées (nom, prénom, adresse, numéro de téléphone ...).

Exercice 3: Monologue suivi (5 à 7 min)

In diesem Teil der Prüfung darfst du zwei Texte ziehen und dir nach kurzem Überfliegen der Texte einen davon aussuchen. Für die Bearbeitung des gewählten Textes hast du 10 Minuten Vorbereitungszeit.

Texte 1

TIPP
Versuche, die Textinhalte soweit wie möglich mit eigenen Worten wiederzugeben.

La musique sur Internet!

Avec Internet, il est possible de télécharger gratuitement de la musique. Mais cette pratique pose un problème pour les artistes, qui gagnent moins d'argent sur les ventes d'albums.

C'est pourquoi certains artistes décident de s'adapter à ce nouvel outil. Ainsi, le groupe de rock *Radiohead* a sorti en octobre 2007 un album disponible uniquement en téléchargement sur Internet. Les internautes étaient libres de décider du prix. Résultat: les ventes ont augmenté. Le groupe estime qu'en deux mois, il a gagné plus d'argent que si le CD avait été vendu dans les boutiques. Face à ce succès, de nombreux artistes veulent suivre le modèle de *Radiohead*.

(109 mots)

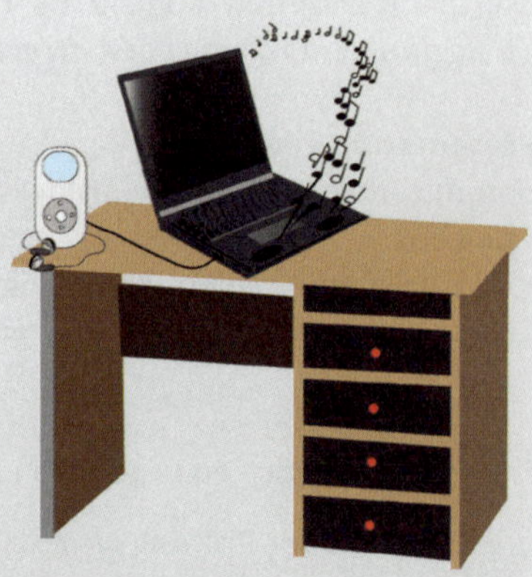

TIPP
Um die Fragen zum Text beantworten zu können, darfst du während der Prüfung natürlich immer im Text nachlesen.

Fragen zum Text:

1. Pourquoi est-ce qu'Internet peut être un problème pour les musiciens?
2. Quelle solution est-ce que Radiohead a trouvée?
3. Est-ce que cette solution est bonne? Expliquez.
4. Quelle est la réaction des autres artistes?

Weiterführende Fragen zum Thema:

5. «Télécharger gratuitement de la musique», qu'est-ce que vous en pensez? Vous le faites aussi?
6. Quelle(s) sorte(s) de musique est-ce que vous aimez?
7. Dans quelles situations est-ce que vous utilisez votre ordinateur?
8. Vous pouvez vivre sans Internet?

Texte 2

Féli vétérinaire – Un roman pour découvrir le métier de vétérinaire

Le rêve de Féli va enfin se réaliser: la jeune femme vient d'obtenir son diplôme de vétérinaire. Elle va partir au Kenya (Afrique) pour soigner les animaux sauvages. Son rêve? Protéger ceux qui sont menacés de disparition.

Dans le livre, le lecteur découvre le métier de vétérinaire. Car Féli explique comment elle donne à manger à un petit animal orphelin, comment elle sauve des animaux vendus sur le marché … On «assiste» même à la naissance d'un girafon: «La femelle écarte les jambes postérieures et soudain … Oui! Il n'y a pas de doute, je vois apparaître les pattes du girafon.»
L'auteure de ce livre, Marie-Claude Bomsel, est elle-même vétérinaire.
Féli vétérinaire, éd. Plon Jeunesse

Raphaële Botte, le 26 janvier 2008 - Mon quotidien, le quotidien d'actualité dès 10 ans
(125 mots)

Fragen zum Text:

1. *Féli vétérinaire*, qu'est-ce que c'est?
2. Faites un résumé de l'histoire du livre.
3. Féli fait de magnifiques expériences. Lesquelles?

Weiterführende Fragen zum Thema:

4. A votre avis, pourquoi est-ce que l'auteure a choisi ce sujet pour son livre?
5. Est-ce que vous aimeriez lire ce roman? Pourquoi (pas)?
6. Est-ce que vous avez des animaux domestiques? Parlez-moi d'eux.
7. Le métier de vétérinaire vous intéresse? Expliquez.
8. Quel métier aimeriez-vous faire?

1. Compréhension de l'oral — 25 points

Exercice 1: Les informations — 10 points

Vous allez entendre les informations du 22 septembre 2008.

NRJ Midi, il est 15 heures 05.

Voyons d'abord comment vous circulez aujourd'hui sur les autoroutes du sud. Si vous voyagez sur l'autoroute A 8 en direction de Nice, soyez très prudents. On constate en effet de forts ralentissements à hauteur d'Aix-en-Provence où un accident vient de se produire. Vous ne circulez plus que sur deux voies au lieu de trois. Respectez bien les distances de sécurité, surtout les camions! Si vous êtes sur l'A 9 en direction de Montpellier, là aussi prudence: une voiture est en feu sur la bande d'arrêt d'urgence vers le kilomètre 99, réduisant fortement la visibilité à cet endroit.

Météo à présent: les vents resteront forts cet après-midi avec des pointes à 80 km/h sur la côte méditerranéenne. Le soleil brille dans presque toute la région, sauf au bord de la mer. Seules les Alpes de Haute-Provence connaîtront un temps maussade: le ciel restera couvert jusqu'en fin d'après-midi avec quelques pluies. Les prévisions pour demain: le temps restera variable. Des orages devraient éclater en fin de journée sur la côte.
Enfin, les résultats du tirage du Loto. Pour gagner, il fallait jouer le 12, le 16, le 27, le 34, le 45 et le 49. Numéro complémentaire: le 7. Pour savoir combien vous avez gagné, rendez-vous sur www.nrjmidi.fr. Je répète: www.nrjmidi.fr.

1. Ce sont les infos de ☑ 15 h 05. — 1
2. Sur l'autoroute A 8, il faut être prudent parce qu'☑ il y a eu un accident. — 1
3. Pourquoi faut-il faire attention sur l'A 9? **Une voiture est en feu.** — 2
4. Quel temps fait-il aujourd'hui
   – au bord de la Méditerranée? — 1

   – dans les Alpes? — 1

5. Les numéros gagnants du loto sont:
   le 12, le **16**, le 27, le 34, le 45 et le **49**. — 2
6. Pour plus d'informations, renseignez-vous sur www.nrjmidi.fr — 2

Exercice 2: Un reportage — 6 points

Vous allez entendre un reportage sur les nouvelles dans le monde du cinéma.

Nominé pour les Oscars dans la catégorie «meilleur film d'animation», *Ratatouille* a été classé parmi les dix meilleurs films américains en 2007.
Ce film est aussi un vrai succès en France où huit millions de personnes sont venues découvrir les aventures de Remy, un rat qui rêve de devenir chef cuisinier. *Ratatouille* est ainsi le film avec le plus grand nombre de spectateurs en France en 2007.

A l'occasion de la sortie en DVD du film *Ratatouille* le 1er février 2008, la RATP lance un concours de soupe. Le concours *RATP, Paris de chefs* a commencé le 16 janvier 2008. Pour gagner, tu dois proposer une recette de soupe sur le site www.ratparisdechefs.fr. Un jury de chefs étoilés sélectionnera la recette gagnante. Une seule condition toutefois pour pouvoir concourir: le nom de ta soupe ou les ingrédients qui la composent doivent avoir affaire aux stations du métro parisien. *Ratatouille*, un film qui va vous montrer ce que cuisine française veut dire.

1. En 2007, *Ratatouille* ☑ était le film le plus célèbre en France. — 1
2. Quand est-ce que le premier DVD du film est sorti? **Le 1er février 2008.** — 2
3. Pour participer au concours RATP, **il faut proposer une recette de soupe.** — 2
4. Pour participer au concours, on doit respecter une chose: il faut ☑ s'inspirer du métro parisien. — 1

Exercice 3: Une interview **9 points**

Vous allez entendre une interview entre une journaliste et deux jeunes de Montainville.

Une école vraiment pas comme les autres

Journaliste: On est mercredi, il est 9 heures. Nicolay, 10 ans, et Aurélia, 13 ans, font des maths et de l'italien à leur bureau, dans une pièce remplie de cahiers, de livres, de classeurs … Au mur: une carte du monde et des dessins. Tout, ou presque, laisse à penser qu'ils sont à l'école. Mais ils travaillent chez eux! Une pièce de leur maison, à Montainville, a été transformée en salle de classe.
Tu es déjà allé à l'école?

Nicolay: Non, j'ai toujours pratiqué l'école à la maison.

Journaliste: Tu travailles comment?

Nicolay: Je fais des maths et du français le matin, parce que je suis plus concentré. Je réserve les autres matières pour l'après-midi. S'il fait beau, je sors et travaille à mon retour, en début de soirée. Parfois, on organise des visites de musée avec d'autres enfants de la région qui pratiquent l'école à la maison. En plus, je vois mes copains tous les mercredis.

Journaliste: Nicolay, tu travailles à partir de fiches et de livres scolaires, sous l'œil attentif de ta maman. Tu aimes travailler comme ça?

Nicolay: Ben oui, je n'ai pas de devoirs le soir ni de bulletins! Je regrette juste de ne pas partir en voyage scolaire, comme les élèves de l'école du village.

Journaliste: Aurélia, tu es en 4e et tu travailles avec des cours par correspondance. Tu peux expliquer comment ça marche?

Aurélia: J'envoie mes contrôles par la poste ou par e-mail. Des professeurs les corrigent et m'envoient un bulletin de notes tous les 3 mois. J'étudie aussi grâce à des documents trouvés sur Internet. Ce système me plaît.

Journaliste: On voit que tu aimes beaucoup ta façon d'apprendre. Mais travailler seul tous les jours, à mon avis, c'est difficile et ennuyeux, non?

Aurélia: Mais non. Vous vous trompez. Je vois mes amies en fin d'après-midi. Certaines me disent que j'ai de la chance d'avoir classe à la maison.

Journaliste: Alors, merci bien pour cette interview et bon travail!

Sophie Bordet, le 23 octobre 2007 - Mon quotidien, le quotidien d'actualité dès 10 ans

1. L'interview a lieu ☑ chez les deux jeunes. 1
2. Sur quelles matières est-ce que Nicolay travaille le matin? **Les maths et le français.** 1,5
3. Il voit ses amis ☑ une fois par semaine. 1
4. Avec qui travaille-t-il? **Avec sa mère / maman.** 1,5
5. Nicolay voudrait bien ☑ faire un voyage scolaire. 1
6. Aurélia ☑ étudie par correspondance. 1
7. Comment est-ce que la journaliste trouve cette manière de travailler?
   Difficile et ennuyeuse. 2

2. Compréhension des écrits 25 points

Exercice 1 **10 points**

	Hôtel Club du Paradis Blanc		Hôtel du Soleil		Résidence Le Petit Prince		Résidence Altitude	
	☺	☹	☺	☹	☺	☹	☺	☹
Près des pistes	x			x		x	x	
Tarif de groupe		x	x		x		x	
Pistes éclairées la nuit		x	x		x			x
Activités sportives gratuites		x	x			x		x
Soirées animées à l'hôtel / à la résidence	x			x		x	x	

Quel logement choisissez-vous? Résidence Altitude (C'est près des pistes).

Exercice 2 **15 points**

1. L'article ☑ parle des effets de la publicité. 2
2. D'après le texte, quels sont les aspects négatifs de la pub?
   trop longues / trop nombreuses / très énervantes / elles interrompent les films. 2
3. La publicité est seulement populaire chez les jeunes. ☑ faux
   Justification: **Les pubs plaisent autant aux enfants qu'aux parents.** 1,5
4. Que font les publicitaires pour rendre les pubs intéressantes?
   Donnez un exemple. **Ils essaient d'être le plus original possible. / Ils utilisent des images étonnantes / des phrases choc / de grands cinéastes.** 1,5
5. Chacun peut s'identifier à l'univers présenté dans une bonne pub. ☑ vrai
   Justification: **Tout le monde s'y retrouve.** 1,5
6. Le Lion d'or est le nom ☑ d'un prix. 1
7. Le but principal de la pub, c'est d'amuser et d'informer le spectateur. ☑ faux
   Justification: **(Les pubs sont avant tout) un moyen pour nous encourager à acheter.** 1,5
8. Mme de Menthon pense qu'il ne faut pas acheter un produit simplement parce que la pub pour ce produit est bonne. ☑ vrai
   Justification: **La bonne attitude, c'est d'acheter quelque chose parce qu'on en a vraiment besoin (et pas seulement parce que la pub est rigolote!)** 1,5
9. Louis préfère les pubs qui ☑ font rire le spectateur. 1
10. Selon Sarah, quels sont les aspects positifs des pubs sérieuses?
    Donnez un exemple. **Elles font aussi réfléchir. Elles sont utiles pour le bien des gens.** 1,5

3. Production écrite 25 points

Vous êtes dans le club écologiste de votre collège …

Beaucoup de jeunes pensent, que la protection de nature n'est pas important. Ils ne réfléchirent pas quand ils jettent les emballages et leur déchets dans la rue. Je ne trouve pas, que c'est o. k. Pour cette raison, je suis entrée dans le club écologiste, (2) qui s'appelle «Protéger la nature». On se rencontre un fois par semaine pour deux heures, où on discute sur les projets que nous avons déjà faites et de nos projets futurs. Notre club existe de deux ans et nous sommes quinze jeunes à l'âge de 12 jusqu'à 17 ans et un prof. (1) On a fait plusieurs activités, par exemple nous avons planté des arbres où recolté les déchets dans les forêts. (3) Nos projets pour la future sont par exemple collecter de l'argent chez les activités de l'école et donne ça la grande organisation «WWF». Ils veulent atteindre que le déboiser des arbres arrête. (4) En plus, nous sommes un très gentil club, parce que nous pensont la même: il faut protéger la nature. Si tu aimes la nature et elle n'est pas t'égal, pourquoi tu n'est pas déjà dans un club écologiste?

(Original Schülerversion) 190 mots

Übung
Lies dir den obigen Text (Original Schülerversion) genau durch und achte besonders auf folgende Fehlerarten:
- Verbendungen
- Angleichung der Adjektive
- Pronomen und Begleiter
- Zeitenverwendung

Versuche, die Fehler zu verbessern und vergleiche sie dann mit der korrigierten Version.

Korrigierte und ergänzte Schülerversion
Beaucoup de jeunes pensent que la protection de **la** nature n'est pas importante. Ils ne **réfléchissent** pas quand ils jettent les emballages et leur**s** déchets dans la rue. Je ne trouve pas que **ça soit** o. k. (besser: **bien**). Pour cette raison (besser: **C'est pourquoi**) je suis entrée dans un club écologiste qui s'appelle «Protéger la nature». On se rencontre **une** fois par semaine, **deux heures à l'école**, où on discute **des** projets que nous avons déjà faits (besser: **réalisés**) et de nos projets futurs. Notre club existe **depuis** deux ans et nous sommes quinze jeunes **de 12 à 17 ans** et un prof. **Les derniers mois** on a fait plusieurs activités, par exemple nous avons planté des arbres **ou récolté / ramassé des** déchets dans les forêts. **C'était très dur parce qu'on avait beaucoup de travail, mais ça m'a beaucoup plu. J'aimerais bien faire ça encore une fois.** Nos projets pour **l'avenir** sont par exemple: collecter de l'argent **quand on fait/organise des** activités **à** l'école et **le donner à** la grande organisation «WWF». Ils veulent que le **déboisement** des **forêts s'arrête. J'espère que notre projet sera un succès! Bref,** nous sommes un club **très gentil** parce que nous **pensons pareil:** il faut protéger la nature. **A mon avis, c'est indispensable!** Si tu aimes la nature et si elle **ne t'est pas égale,** pourquoi **est-ce que tu n'es pas encore** dans un club écologiste?

TIPP
Nachdem du deinen Text verfasst hast, solltest du ihn dir immer noch einmal ganz genau auf sprachliche Fehler hin durchlesen.

Grille d'évaluation *(25 points)*	Hinweise
Respect de la consigne Beachtung der Arbeitsanweisung *(2 points)*	☐ Die Aufgabe wurde **insgesamt erfasst**. ☐ Die **Länge** des Textes ist angemessen: 190 Wörter
Capacité à presenter des faits Fähigkeit, Inhalte zu präsentieren *(4 points)*	☐ Die **inhaltlichen Elemente** aus der Aufgabenstellung wurden alle aufgegriffen: → (1) Vorstellen der Umweltgruppe: *On se rencontre …* → (2) Begründung der Teilnahme an einer Umweltgruppe: … *Pour cette raison, je suis entrée …* → (3) Vergangene Aktivitäten der Umweltgruppe: *On a fait plusieurs activités, par exemple …* → (4) Zukünftige Vorhaben: *Nos projets pour le futur sont …* ☐ Der Schüler kann **Erfahrungen und Sachverhalte** angemessen beschreiben.
Capacité à exprimer sa pensée Fähigkeit, seine Meinung auszudrücken *(4 points)*	☐ Der Schüler verwendet **wertende Adjektive** wie: *important, gentil, égal* ☐ Der Schüler benutzt wertende **Ausdrücke** wie: *Beaucoup de jeunes pensent que …, Je ne trouve pas que …, On doit protéger …, il faut …, Si tu aimes la nature pourquoi …* ☐ Die Anzahl an wertenden Ausdrücken und Adjektiven ist zu gering.
Cohérence et cohésion Textaufbau / logische Verbindung der Inhalte *(3 points)*	☐ Der Text ergibt eine **sinnvolle Einheit**. Der Text ist gut strukturiert. Die Sätze sind inhaltlich gut miteinander verbunden. ☐ Der Schüler verwendet jedoch nur **wenige verbindende Ausdrücke**: *Pour cette raison, En plus.*
Etendue du vocabulaire Wortschatzumfang *(2 points)*	☐ Der Schüler kann aufgrund seiner **Wortschatzfülle** das Thema gut und detailliert darstellen: *protection de la nature, jettent les emballages et leur déchets, planté des arbres, récolté les déchets dans les fôrets, collecter de l'argent, déboiser des arbres.*
Maîtrise du vocabulaire Korrekte Anwendung des Wortschatzes *(2 points)*	☐ Der Schüler macht geringfügige Fehler bei der **Anwendung des Wortschatzes**: *un fois* (statt *une fois*), *notre groupe existe de deux ans* (statt *depuis deux ans*), *pour la future* (statt *pour l'avenir*), *le déboiser* (statt *le déboisement*), *la même* (statt *le même / pareil*). ☐ Man kann den Text aber dennoch gut verstehen.
Maîtrise de l'orthographe lexicale Korrekte Rechtschreibung, Zeichensetzung, Paragrafenbildung *(2 points)*	☐ Der Text ist strukturiert und gut **aufgebaut** (Einleitung, Hauptteil, Schluss) und dadurch gut lesbar. ☐ Leider hat der Schüler keine **Absätze** gemacht. ☐ Der Schüler hat bis auf eine Ausnahme (*où* [statt *ou*]) die **Akzente fast** immer richtig gesetzt. ☐ Manchmal wurden vom Schüler die **Kommas** falsch gesetzt *(pensent, que …* und *je ne trouve pas, que).*

Grille d'évaluation *(25 points)*	Hinweise
Degré d'élaboration des phrases Komplexität der Satzstrukturen *(2 points)*	☐ Der Schüler kann **einfache Satzstrukturen** fehlerfrei bilden. Er verwendet Konjunktionen wie *quand, parce que*. ☐ Der Schüler beherrscht auch **gängige, komplexere Satzkonstruktionen** wie Relativsätze (mit *qui* / *que* und *où*) und die indirekte Rede (*pensent que …, je ne trouve pas que …*). Er verwendet auch einen Konditionalsatz (*Si tu aimes …*).
Choix des temps et des modes Verwendung der Zeiten und Modi *(2 points)*	☐ Folgende **Zeiten** werden im richtigen Zusammenhang angewandt: *présent, passé composé* ☐ *imparfait, futur* und *conditionnel* werden jedoch nicht verwendet.
Morphosyntaxe – orthographe grammaticale Grammatikalische Richtigkeit (Zeitenbildung, Accord bei Nomen und Adjektiven etc.) *(2 points)*	☐ Der Schüler macht noch zahlreiche **Grammatikfehler**. Beispiele: *la protection est … important* (statt *importante*), *ils réfléchirent* (statt *ils réfléchissent*), *leur déchets* (statt *leurs déchets*), *et donne ça* (statt *et donner ça à …*), *arrête* (statt *s'arrête*), *nous pensont* (statt *nous pensons*), *elle n'est pas t'égal* (statt *elle ne t'est pas égale*), *tu n'est pas* (statt *tu n'es pas*).

4. Production orale 25 points

Exercice 1: Entretien dirigé (2 à 3 min)

In der Mindmap zum Thema *Parler de moi* (S. 69) findest du die wichtigsten Ausdrücke, um dich vorzustellen.

Exercice 2: Exercice en interaction (3 à 4 min)

Die folgenden Situationen sind Beispiele für mögliche Dialoge zwischen dir und dem Prüfer.

Situation 1 – On va au Louvre?

1. Est-ce que tu as envie d'aller au musée du Louvre, samedi?
   Non, pas du tout. Je déteste les musées.

2. Tu n'aimes pas les musées? Pourquoi?
   Les musées sont toujours très ennuyeux. C'est pour les adultes qui s'intéressent à l'histoire ou à l'art. Moi, je m'intéresse au sport et à la musique.

3. Et en Allemagne, est-ce que tu vas de temps en temps au musée? Pourquoi (pas)?
   Non, je n'y vais jamais.
   Je préfère voir mes copains. Chaque week-end, on se retrouve pour aller à la piscine ou en discothèque où on peut faire la connaissance d'autres jeunes. C'est plus amusant.

4. Est-ce que tu aimerais aller au théâtre avec nous samedi soir?
   Le théâtre, c'est l'horreur pour moi. J'ai du mal à comprendre le français et en plus, il n'y a pas d'action dans une pièce de théâtre.

5. Qu'est-ce qui t'intéresse alors? Tes parents / copains et toi, quelles activités est-ce que vous faites ensemble?
   J'aime le cinéma. Je voudrais aller au cinéma samedi soir avec mes copains. Je crois qu'il y a un film de science-fiction en ce moment. Des acteurs excellents jouent dans ce film et les critiques sont aussi assez bonnes.

Situation 2 – Le porte-monnaie volé

1. Où et quand est-ce que le vol s'est passé exactement?
   On m'a volé mon porte-monnaie il y a 10 minutes. Le vol s'est passé au cinquième étage. J'étais en train de regarder des T-shirts et des pulls quand j'ai remarqué que mon porte-monnaie n'était plus là.

2. Et le voleur, pouvez-vous le décrire?
   Un peu. J'ai vu un petit jeune aux cheveux noirs qui portait une veste bleue et des lunettes noires. Il a quitté le cinquième étage rapidement.

3. Pouvez-vous décrire le porte-monnaie?
   Mon porte-monnaie est rouge et petit, environ 15 cm. Il y avait encore 50 €, ma carte d'identité et quelques photos dedans.

4. On va informer la police. Il nous faut encore vos coordonnées (nom, prénom, adresse, numéro de téléphone ...).
   Je m'appelle ..., j'habite à ... et mon numéro de téléphone, c'est le ...

Exercice 3: Monologue suivi (5 à 7 min)

So können die Fragen zu beiden Texten beantwortet werden:

Texte 1 – La musique sur Internet!

1. Pourquoi est-ce qu'Internet peut être un problème pour les musiciens?
   On peut télécharger des chansons sur Internet sans payer. Les chanteurs ne gagnent donc pas beaucoup d'argent.

2. Quelle solution est-ce que Radiohead a trouvée?
   Le groupe de rock a décidé de sortir un album qu'on peut seulement télécharger sur Internet. On peut décider combien on veut payer.

3. Est-ce que cette solution est bonne? Expliquez.
   Oui, les musiciens ont gagné plus d'argent qu'avant.

4. Quelle est la réaction des autres artistes?
   Pour eux, l'idée de Radiohead est bonne. Ça veut dire qu'ils vont aussi sortir un album qui est seulement disponible sur Internet.

5. «Télécharger gratuitement de la musique», qu'est-ce que vous en pensez? Vous le faites aussi?
   Je ne le fais pas parce que ce n'est pas légal. En plus, les CD téléchargés sont souvent de mauvaise qualité. Moi, je préfère acheter les CD de mes groupes préférés dans un magasin.

6. Quelle(s) sorte(s) de musique est-ce que vous aimez?
   J'adore la musique rock! Je vais souvent à des concerts avec mes copains. Je suis surtout un grand fan de… parce que ses textes sont très poétiques et sa musique est très rythmée.

7. Dans quelles situations est-ce que vous utilisez votre ordinateur?
   Je l'utilise souvent, par exemple quand je dois préparer une présentation pour le cours d'allemand ou d'anglais, je cherche des informations sur Internet. J'écris aussi souvent des e-mails à mes copains, surtout à ceux qui habitent loin de chez moi, parce que c'est gratuit et téléphoner coûte cher. De temps en temps, j'achète aussi des vêtements sur Internet. C'est très pratique.

8. Vous pouvez vivre sans Internet?
   Je crois que non. Pour moi, Internet fait partie de la vie quotidienne. Avec Internet, on peut s'informer, communiquer, faire des courses etc. Je ne peux pas renoncer à / vivre sans Internet.

Texte 2 – Féli vétérinaire

1. *Féli vétérinaire*, qu'est-ce que c'est?
   C'est un roman qui nous présente la vie / les aventures d'une vétérinaire.

2. Faites un résumé de l'histoire du livre.
   Féli, une jeune femme, est vétérinaire. Elle va en Afrique pour aider les animaux – c'était son rêve depuis longtemps.

3. Féli fait de magnifiques expériences. Lesquelles?
   Féli donne à manger à des petits animaux, elle sauve la vie des animaux et elle observe la naissance d'un girafon.

4. A votre avis, pourquoi est-ce que l'auteure a choisi ce sujet pour son livre?
   L'auteure est aussi vétérinaire. Elle aime sans doute son métier et elle veut montrer cela aux lecteurs.

5. Est-ce que vous aimeriez lire ce roman? Pourquoi (pas)?
   Oui, ce livre m'intéresse beaucoup parce que j'adore les animaux. Un jour, je voudrais aussi travailler avec des animaux. Et en plus, l'Afrique est un continent fascinant.

6. Est-ce que vous avez des animaux domestiques? Parlez-moi d'eux.
   Bien sûr. J'ai un chien qui s'appelle… Il est noir et grand et il aime manger. Je me promène avec lui chaque jour. J'ai aussi un hamster noir et blanc qui dort toujours.

7. Le métier de vétérinaire vous intéresse? Expliquez.
   C'est une question difficile. J'aime les animaux, mais je ne peux pas voir de sang.

8. Quel métier aimeriez-vous faire?
   Je ne sais pas encore ce que je vais faire. Mais c'est important pour moi de travailler avec d'autres gens et d'être souvent dehors. Le salaire n'est pas important pour moi.

1. Compréhension de l'oral — 25 points

08–14

TIPP
Bevor du mit den Hörverstehensübungen beginnst, lies dir bitte die Hinweise zur *Compréhension de l'oral* auf Seite 4 genau durch.

Vous allez entendre 3 documents sonores, correspondant à des situations différentes.
Pour chaque document, vous aurez:
- 30 secondes pour lire les questions;
- une première écoute, puis 30 secondes de pause pour commencer à répondre aux questions;
- une deuxième écoute, puis 1 minute de pause pour compléter vos réponses.

Répondez aux questions en cochant (✕) la bonne réponse ou en écrivant l'information demandée.

Exercice 1: Une visite guidée — 7,5 points

Répondez aux questions en cochant (✕) la bonne réponse ou en écrivant l'information demandée.

1. Le tour a commencé par une visite … 1
☐ du Louvre. ☐ du musée Rodin. ☐ de Montmartre.

2. Selon le guide, Montmartre se caractérise surtout par … 1
☐ le Sacré-Cœur. ☐ la place du Tertre. ☐ ses rues et ruelles.

3. Le guide va montrer aux touristes … 1
☐ le film d'Amélie Poulain. ☐ le Moulin Rouge. ☐ le Deux Moulins.

4. Le café d'Amélie Poulain est près de ______________________. 1,5

5. Pour aller à Montmartre, le groupe … 1
☐ va prendre un train direct.
☐ doit changer de train deux fois.
☐ descend à la station Château Rouge.

6. Le groupe doit attendre parce que ______________________. 2

Exercice 2: Une émission de radio — 10,5 points

TIPP
Lies dir die Mindmap zum Thema *les médias* durch, bevor du diese Aufgabe machst.

Répondez aux questions en cochant (✕) la bonne réponse ou en écrivant l'information demandée.

1. Il s'agit … 2
 ☐ d'une interview avec un groupe de rock.
 ☐ d'un jeu pour les fans d'un groupe de rock.
 ☐ d'un sondage sur la nouvelle scène rock.

2. Le nouveau disque de Luke s'appelle … 1
 ☐ Les Enfants de Saturne. ☐ La Terre Ferme. ☐ Des Visages, des Figures.

3. Le groupe Luke a été créé en ______________________________. 1,5

4. Le 15 août, il y aura … 1
 ☐ le premier … ☐ le prochain … ☐ le dernier concert de leur tournée.

5. Le numéro de téléphone de la station de radio est le 2
 04.68. ______.______.48.

6. Anaïs trouve que les nouveaux textes sont … 1
 ☐ très originaux. ☐ faciles à comprendre. ☐ assez poétiques.

7. Avec qui est-ce que Charlotte va au concert? 2

____

Exercice 3: Un reportage à la radio **7 points**

TIPP
Mit der Mindmap zum Thema *alimentation* kannst du dich gut auf diese Übung vorbereiten.

Répondez aux questions en cochant (✕) la bonne réponse ou en écrivant l'information demandée.

1. Bien manger, c'est important pour … 1
 ☐ la minorité … ☐ la moitié … ☐ la majorité des Français.

2. D'autres critères pour rester en bonne santé sont …

 ______________________________ (2 critères) 4

3. La plupart des Français se décident pour un produit à cause … 1
 ☐ du prix. ☐ de la marque. ☐ de l'origine.

4. Pour la majorité des consommateurs, le prix n'est pas important quand ils achètent … 1
 ☐ des fruits. ☐ des légumes. ☐ des vêtements.

TIPP
Nach der Bearbeitung der Aufgabe:
- Schlage unbekannte Vokabeln, die dir das Textverständnis erschwert haben, im Wörterbuch nach.
- Ergänze deine persönliche Mindmap zum Thema *voyager* mit Vokabeln aus den Texten dieser Übung.

TIPP
Vergiss bitte nicht, dir die Hinweise zur *Compréhension des écrits* auf Seite 5 durchzulesen.

2. Compréhension des écrits — 25 points

Exercice 1 — **10 points**

Vous voulez travailler en France pendant **deux mois**. Vous cherchez un travail ou un stage **dans une ville**. Vous voulez profiter de la vie culturelle locale. Vous préférez donc trouver un poste où vous avez **deux jours libres**. Pour améliorer votre français, vous aimeriez aussi prendre des **cours de français** et habiter dans une **famille française**.

Vous trouvez les annonces suivantes sur Internet. Quel travail ou stage choisissez-vous?

Entreprise: Hôtel-restaurant «Chez Robert»
Plusieurs postes à pourvoir

Pour l'ouverture d'un nouveau restaurant en centre-ville à Cannes, nous recherchons pour les vacances scolaires et les congrès (du 1er août au 30 septembre)
serveuses / serveurs
cuisinières / cuisiniers.
Très bonne présentation, motivé(e)s et disponible(s) 6 jours sur 7.
Parfaite maîtrise de la langue française exigée.
Maîtrise d'une autre langue souhaitée: anglais, italien, allemand.
Hébergement: chambres d'hôtel à prix réduit pour les employés.

Merci d'envoyer un CV avec photo par e-mail uniquement.
emangard.rob@neuf.fr

Club de Voile

Responsable: Michel Taverne
Téléphone: 05 46 80 14 79
Adresse: 7, boulevard Jean Jaurès, 33000 Bordeaux

Activité: Tourisme, loisirs
Club de voile recherche:
Un animateur français, sportif, 16–25 ans, pour juillet et août, libre du lundi au vendredi, capable d'organiser et d'animer les activités sportives proposées par le club (aquagym, aérobic, foot, VTT …) et les soirées. Compétences artistiques ou musicales souhaitées.
Nourri et logé dans le club pendant les 2 mois.

Eurolangues – Programme d'études à l'étranger

Eurolangues propose un programme de stages professionnels en hôtellerie de 3 à 6 mois dans la région de Montpellier et de Nice. Pendant l'été, nous acceptons des candidatures pour 2 mois seulement.
Postes disponibles: préparation des petits-déjeuners, service, bar, cuisine, réception.
39 à 42 heures de travail par semaine (1 jour de congé).
Hébergement avec les employés ou en famille.
Les hôtels / campings sont situés en centre-ville.
Cours de français obligatoires pendant toute la durée du stage.

Bienvenue sur le site du travail saisonnier!

Vous êtes étranger et vous souhaitez découvrir la France, sa culture et sa langue?
Alors venez vivre au sein d'une famille française.

L'offre d'emploi
Nous recherchons un(e) jeune au pair pour garder deux enfants (3 et 6 ans) à Rennes, en Bretagne.
Vous êtes logé et nourri par la famille et disposez de 2 jours libres par semaine (sauf week-end).

Nous proposons aussi des cours de français (2 x 2 heures par semaine). Les familles prennent en général en charge les frais pour 4 heures de cours par semaine.
Rappel: le séjour doit durer au minimum 9 mois.
Contactez-nous par mail: jobdete.international@yahoo.fr

Pour chaque poste de travail et pour chaque critère, mettez une croix dans la case «Cela convient» 🙂 ou «Cela ne convient pas» 🙁.

	Restaurant «Chez Robert»		Club de Voile		Eurolangues		Job d'été international	
	🙂	🙁	🙂	🙁	🙂	🙁	🙂	🙁
Emploi en ville								
Logement en famille								
Deux jours libres								
Cours de français								
Durée du séjour								

Le meilleur choix pour vous, c'est ______________________________.

TIPP
Auch in diesem Text findest du nützliche Vokabeln und Redewendungen, mit denen du deine persönliche Mindmap zum Thema *alimentation* ergänzen kannst.

Exercice 2 **15 points**

Les repas en famille, plaisir ou cauchemar?

Ne mange pas avec tes doigts, finis ton assiette, tiens-toi correctement … Pour certains, les repas en famille, c'est un moment conflictuel marqué de discussions bruyantes et de questions gênantes: «Ton contrôle de maths s'est bien passé? Tu as fini ton travail pour demain?» Prendre du temps pour s'installer à table avec sa famille peut être pénible. Il peut t'arriver de quitter la table, en disant que tu n'as plus faim ou que tu n'as pas encore fini tes devoirs, et ça uniquement pour éviter certaines discussions.

On se réunit
La table joue souvent un rôle thérapeutique, explique Jean-Claude Kaufmann. C'est pendant le repas qu'on parle des événements de la journée. C'est l'un des rares moments où tous les membres d'une famille interrompent leurs activités personnelles (travail, devoirs, loisirs) pour se réunir. On partage joies et tristesses. «Quand j'ai passé une mauvaise journée et que je me suis disputé avec mes amis, je préfèrerais dîner seul. Je ne le fais pas parce que je sais que la discussion avec ma maman pendant le repas me fait le plus grand bien», explique Alvin, 13 ans.

Distraction assurée, mais communication limitée!
Certaines familles se réunissent autour de la table de cuisine ou de la salle à manger. D'autres prennent leurs repas dans la salle de séjour: «On dîne devant la télé tous les dimanches soirs et de temps en temps dans la semaine», raconte Salomé, 11 ans.

Parfois chacun à son tour
Pour quelques familles, se réunir autour de la table est plus rare. Chacun se nourrit séparément et à d'autres horaires. Certains se contentent de manger un sandwich devant l'ordinateur. D'autres, comme Vincent, 12 ans, préfèrent les vrais repas: «Pendant la semaine, je dîne seul parce que mes parents sont encore au travail. Je me prépare des pâtes ou du riz avec de la viande. Et on se voit le week-end parce que mon père nous cuisine de bons petits plats.»

Ah, le week-end!
Le week-end justement, les repas durent plus longtemps. En plus, finis les pâtes et les plats surgelés. Tout le monde se rencontre dans la cuisine pour essayer de délicieuses recettes. Pendant les repas du week-end, les discussions sont moins sérieuses que les soirs de semaine. Pour Sophie, c'est l'occasion d'organiser en famille les activités de la journée ou du lendemain!

Dis-moi comment tu manges …
☒ 80 % des jeunes Français prennent leur dîner en famille.

Parmi les familles …
☒ 43 % dînent devant la télé.
☒ 68 % mettent ou débarrassent la table ensemble.
☒ 55 % prennent leurs repas dans la cuisine.
☒ 73 % tiennent à un repas pris tous ensemble.
☒ 74 % dînent avant 20 heures.

D'après Okapi, 15 décembre 2007, p. 40-41
(452 mots)

Lisez le texte, cochez (✕) la bonne réponse et donnez les informations qui manquent.

1. Le texte parle … 2
   - ☐ des problèmes scolaires.
   - ☐ de l'importance des repas en famille.
   - ☐ d'une enquête sur la cuisine française.

2. Beaucoup de jeunes quittent la table parce qu'ils … 1
   ☐ doivent se préparer pour l'école.
   ☐ ne veulent pas trop manger.
   ☐ n'ont pas envie de discuter.

3. Pourquoi est-ce que le repas en famille peut aider à mieux se connaître? 2

   ____

4. Quand Alvin a des problèmes, il dîne seul. 1,5
   ☐ vrai ☐ faux

   Justification: ____

5. Où est-ce que la famille de Salomé prend régulièrement ses repas? 1
   ☐ Dans la cuisine. ☐ Dans la salle à manger. ☐ Dans la salle de séjour.

6. Pendant la semaine, Vincent … 1
   ☐ mange devant l'ordinateur. ☐ fait la cuisine lui-même. ☐ dîne avec sa famille.

7. En général, on mange mieux le week-end. 1,5
   ☐ vrai ☐ faux

   ____

8. Pourquoi est-ce que l'ambiance est plus détendue pendant les repas du week-end? 1,5

   ____

9. Chez Sophie, on dîne en famille le week-end. De quoi parle-t-on souvent? 1,5

   ____

10. Selon le texte, la majorité des familles françaises mange des plats froids le soir. 1
    ☐ vrai ☐ faux ☐ cela n'est pas dit

11. Dans la plupart des familles, on s'entraide dans la cuisine. 1
    ☐ vrai ☐ faux ☐ cela n'est pas dit

3. Production écrite — 25 points

Exercice: Essai

On est le 29 juin et c'est la fête du cinéma en France. A cette occasion, votre classe est allée au cinéma. Votre prof vous demande d'écrire un texte sur cette journée. **Décrivez** comment s'est passée cette journée (transport, activités, …) (1). **Parlez du film** (genre, contenu, acteurs / personnages, …) (2) et dites ce que vous avez **aimé ou non** (3). Faites aussi des propositions pour la **prochaine sortie** avec votre classe (4).

Ecrivez un texte construit et cohérent.
Donnez votre opinion et vos impressions (160 à 180 mots).

____

____

____

TIPP
Denke daran, dir die Hinweise zur *Production écrite* auf Seite 6 durchzulesen, bevor du an diese Aufgabe herangehst.

TiPP
Die Mindmap *les médias* liefert dir Ideen zur Bearbeitung dieser Aufgabe.

4. Production orale 25 points

Exercice 1: Entretien dirigé (2 à 3 min)
Zu Beginn der Prüfung wirst du gebeten, dich kurz vorzustellen.

Présentation générale:
Bonjour … Pouvez-vous vous présenter, me parler …
– de vous,
– de votre famille / âge / ville / école / maison / chambre / animal domestique,
– de vos amis / loisirs / dernières vacances / projets …?

Exercice 2: Exercice en interaction (3 à 4 min)

In diesem Teil der Prüfung ziehst du zwei Situationen und darfst dir eine davon aussuchen.

Situation 1

Au pair à Nantes

Vous êtes au pair dans une famille bretonne depuis deux semaines. Mais vous n'êtes pas content(e) de votre chambre, des heures de travail et du comportement des enfants. En plus, vous aimeriez prendre des cours de langue le vendredi après-midi. Un soir, vous parlez avec votre famille d'accueil.

(L'examinateur joue le rôle du père / de la mère.)

Questions possibles:

1. Pourquoi est-ce que tu n'aimes pas ta chambre?
2. Quand est-ce que tu veux travailler alors?
3. Qu'est-ce qu'ils ont fait, mes petits chéris?
4. Le vendredi, je travaille jusqu'à dix-sept heures. Tu ne peux pas prendre tes cours un autre jour?
5. Demain soir, on voudrait bien sortir. Est-ce que tu as le temps de garder les enfants?

Situation 2

Chez le corres

Vous passez une semaine chez votre corres en France. Votre corres remarque que vous ne mangez pas beaucoup et que vous ne dites presque rien. Deux jours après votre arrivée, il parle avec vous et vous lui expliquez les raisons de votre comportement.

(L'examinateur joue le rôle de votre corres.)

Questions possibles:

1. J'ai l'impression que tu n'es pas content(e). Est-ce qu'il y a un problème?
2. Tu n'aimes pas la cuisine française? Qu'est-ce que tu aimes?
3. Tu as des difficultés à me comprendre?
4. Tu t'ennuies? Qu'est-ce que tu aimes faire?
5. Pourquoi est-ce que tu es triste? Il y a quelqu'un en Allemagne qui te manque?

TIPP
Vergiss bitte nicht, dir die Hinweise zur *Production orale* auf Seite 9 durchzulesen.

TIPP
In der Mindmap *parler de moi* findest du wichtige Begriffe und Anregungen für diesen Prüfungsteil.

TIPP
Versuche, dich in diese Situation hineinzuversetzen und ganz klar und deutlich deine Meinung auszudrücken.

Exercice 3: Monologue suivi (5 à 7 min)

In diesem Teil der Prüfung darfst du zwei Texte ziehen und dir nach kurzem Überfliegen der Texte einen davon aussuchen. Für die Bearbeitung des gewählten Textes hast du 10 Minuten Vorbereitungszeit.

Texte 1

Les collégiens abusent-ils de l'alcool?

Alors qu'en France, on consomme deux fois moins d'alcool qu'il y a 30 ans, les jeunes sont plus nombreux à boire. L'Académie de médecine tire la sonnette d'alarme: 9 % des 13 / 14 ans auraient déjà été alcoolisés. Les hôpitaux signalent qu'il y a de plus en plus de victimes de coma éthylique, dès 12 ans. Oui, les produits alcoolisés sont présentés de façon à attirer les jeunes, que ce soient des bières, des premix (mélanges jus–soda–alcool) ou des TGV (tequila–vodka–gin). On boit pour s'amuser, faire une expérience, faire comme les copains, oublier une vie triste. Une étude vient de prouver que l'alcool détruit des zones du cerveau chez les rats. Une autre montre que 47 % des jeunes qui commencent à boire de l'alcool avant 14 ans deviennent dépendants plus tard. On espère qu'on vous a découragé de commencer!

D'après Okapi, 15 mars 2008, p. 23
(150 mots)

Fragen zum Text:

1. De quelle manière est-ce que la consommation d'alcool a changé?
2. Pourquoi est-ce qu'on s'inquiète à l'Académie de médecine?
3. Des «TGV», qu'est-ce que c'est?
4. Pour quelles raisons est-ce qu'on boit de l'alcool d'après le texte?
5. D'après le texte, quels problèmes est-ce qu'il y a à cause de l'alcool?

Weiterführende Fragen zum Thema:

6. Une fête sans alcool, est-ce que c'est encore une fête?
7. Est-ce que vous buvez souvent de l'alcool? Et vos copains?
8. On a interdit les fêtes où on peut boire autant qu'on veut. A votre avis, est-ce que c'est une bonne décision?

Texte 2

Fête du Vélo, alors faites du vélo!

Ce week-end, le vélo est à l'honneur, alors la voiture, elle reste au garage!
Circuler à vélo, cela représente beaucoup d'avantages: c'est écolo, ce n'est pas cher et c'est bon pour la santé. Il est donc logique que ce moyen de transport soit de plus en plus apprécié par les Français. Ils sont les quatrièmes utilisateurs de vélos au monde après les Japonais, les Néerlandais et les Américains.
Les vélos mis en libre service dans les grandes villes de France expliquent sans doute ce succès. Ainsi, les six derniers mois de 2007, on enregistre 46 % de déplacements en vélo supplémentaires.
Tous les ans, le premier week-end du mois de juin, c'est la fête du Vélo. Des animations sont organisées dans toute la France, dans les villes et à la campagne. En 2007, plus de 400 000 personnes ont participé à la fête dans environ 300 villes de l'Hexagone.

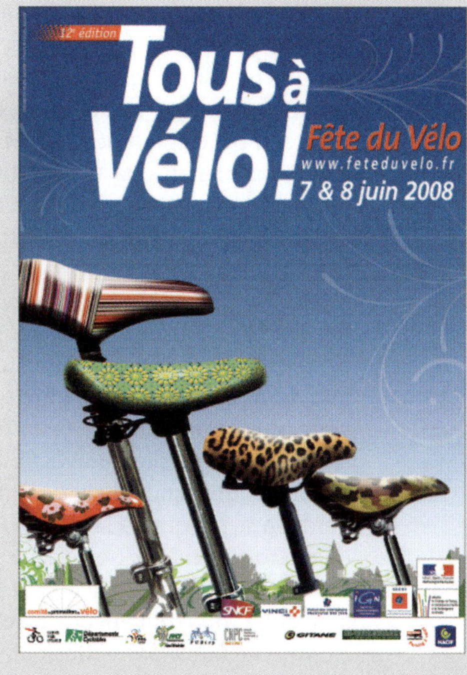

(156 mots)

Fragen zum Text:

1. Pourquoi est-ce que de plus en plus de gens préfèrent circuler à vélo?
2. Dans quel pays est-ce que le vélo est utilisé le plus souvent?
3. Le nombre de cyclistes a augmenté en 2007. Pourquoi?
4. La fête du Vélo, qu'est-ce que c'est? C'est où? C'est quand?

Weiterführende Fragen zum Thema:

5. Quels moyens de transport est-ce que vous utilisez? Dans quelles situations?
6. Est-ce que vous aimeriez faire un voyage à vélo? Pourquoi oui / non? Expliquez.
7. Le tour de France, ça vous intéresse? Donnez des explications.

1. Compréhension de l'oral — 25 points

Exercice 1: Une visite guidée — 7,5 points

Guide:	Continuons notre découverte de Paris. J'espère que vous avez bien profité de votre visite du Louvre.
Touriste 1:	Oui, j'ai bien aimé les sculptures, particulièrement la Vénus de Milo. Je voudrais aussi voir les sculptures du musée Rodin. Est-ce possible?
Guide:	Oui, c'est prévu pour demain. Maintenant, nous allons continuer notre visite avec Montmartre, quartier célèbre dans le monde entier avec le Sacré-Cœur, la place du Tertre et ses nombreux artistes. Mais à mon avis, ce sont surtout les rues et ruelles avec leurs petits cafés et restaurants qui créent l'atmosphère extraordinaire de ce quartier.
Touriste 2:	Ah oui, j'aimerais bien boire un coup dans le bistro où Amélie Poulain travaille dans le film. C'est le Moulin Rouge, n'est-ce pas?
Guide:	Non, vous vous trompez, monsieur, le café s'appelle le Deux Moulins. C'est pas loin de la place Blanche où nous allons déjeuner ce midi. On peut y boire un verre, si vous voulez. Oui, en fait c'est une bonne idée, on y va. Alors, il faut prendre le métro, ligne 7, direction la Courneuve, mais attention, il faut changer à la gare de l'Est pour prendre la ligne 4, direction Porte de Clignancourt. Si quelqu'un se perd, on se retrouve à la station Château Rouge. Tout le monde est prêt? La station de métro est en face, on y va.
Touriste 3:	Attendez monsieur, il y a encore deux personnes qui manquent. Ma femme et ma fille voulaient encore acheter quelques cartes postales.
Guide:	Ne vous en faites pas, monsieur. On n'est pas pressés. Il y a un métro toutes les 10 minutes.

1. Le tour a commencé par une visite ☑ du Louvre.	1
2. Selon le guide, Montmartre se caractérise surtout par ☑ ses rues et ruelles.	1
3. Le guide va montrer aux touristes ☑ le Deux Moulins.	1
4. Le café d'Amélie Poulain est près de **la place Blanche**.	1,5
5. Pour aller à Montmartre, le groupe ☑ descend à la station Château Rouge.	1
6. Le groupe doit attendre parce que **deux personnes manquent / achètent des cartes postales.**	2

Exercice 2: Une émission de radio — 10,5 points

Luke, un groupe de rock français à surveiller!

Journaliste:	Vous venez d'écouter une chanson d'un groupe de la nouvelle scène rock à découvrir! Il y a quelques semaines, Luke a sorti son 3ème album, «Les Enfants de Saturne». Avec sa nouvelle chanson «La Terre Ferme», ce groupe français se fait connaître du grand public. Certains le comparent à Noir Désir avec son album «Des Visages, des Figures». Leurs concerts sont toujours énergiques et spontanés. Thomas Boulard, chanteur et compositeur, est à l'origine de cette formation, qui existe depuis 1998. A l'occasion de leur prochain concert qui aura lieu le 15 août à Marseille, nous vous offrons des billets d'entrée. Pour gagner, c'est simple, il suffit de nous appeler au 04 68 57 86 48. Les premiers à nous joindre au téléphone gagneront deux billets. Allô, est-ce que nous avons déjà quelqu'un en ligne?
Anaïs:	Oui, c'est Anaïs de Montpellier. J'ai gagné alors?
Journaliste:	Oui, bravo! Comment tu trouves le nouvel album?
Anaïs:	La mélodie et les sons de cet album sont très originaux. Ce que j'aime surtout, ce sont les textes. Parfois, j'ai du mal à comprendre les paroles, mais j'adore la poésie des textes.
Journaliste:	Merci Anaïs.
Anaïs:	Merci surtout à vous. Je suis trop contente.

Journaliste:	Allez, on passe maintenant à notre deuxième gagnant. Allo! Qui est à l'appareil?
Charlotte:	Bonjour, c'est Charlotte.
Journaliste:	Salut Charlotte, pour toi aussi, j'ai deux billets.
Charlotte:	Ah oui, merci, c'est génial!
Journaliste:	Tu as un petit copain pour t'accompagner au concert?
Charlotte:	Mon copain préfère le hip-hop. Pour lui, la musique de Luke n'est pas assez rythmée. Donc, je pense que je vais plutôt y aller avec ma meilleure copine.
Journaliste:	Elle en a de la chance. Alors, amusez-vous bien!
Charlotte:	Merci bien. Au revoir!
Journaliste:	Au revoir Charlotte …

1. Il s'agit ☑ d'un jeu pour les fans d'un groupe de rock. 2
2. Le nouveau disque de Luke s'appelle ☑ Les Enfants de Saturne. 1
3. Le groupe Luke a été créé en **1998**. 1,5
4. Le 15 août, il y aura ☑ le prochain concert de leur tournée. 1
5. Le numéro de téléphone de la station de radio est le 04 68 **57 86** 48. 2
6. Anaïs trouve que les nouveaux textes sont ☑ assez poétiques. 1
7. Avec qui est-ce que Charlotte va au concert? **Avec sa meilleure copine / amie.** 2

Exercice 3: Un reportage à la radio — 7 points

A l'occasion de la journée mondiale de la santé, vous entendez le reportage suivant à la radio.

Bien manger, oui … mais à quel prix!

Selon une étude récente, la plupart des Français pensent que bien manger permet d'être en bonne santé.
Près de quatre Français sur cinq pensent qu'une alimentation variée, saine et équilibrée est le plus important pour rester en bonne santé. Bien dormir ou faire du sport, c'est, selon eux, secondaire. Pourtant, toujours selon cette étude, quand ils font leurs courses, les consommateurs français ne font pas très attention à la composition des produits qu'ils achètent. 78 % d'entre eux choisissent d'abord les produits selon leur prix. La marque, l'origine, l'effet sur l'environnement n'influencent pas leurs choix.
Autre résultat de cette étude: l'alimentation est le domaine dans lequel ils observent le plus l'évolution des prix. Cela veut dire que la plupart des Français font très attention au prix des produits alimentaires, comme par exemple les fruits et les légumes. Mais ce n'est pas le cas pour le reste de leurs achats, comme les vêtements, les loisirs, etc. Enfin, trois consommateurs sur quatre disent qu'ils sont mécontents des prix des produits alimentaires mais ils ne veulent pourtant pas diminuer leurs dépenses en nourriture.

D'après un sondage de la Sofres pour l'Association nationale des industries alimentaires, le 31 mars 2008.

1. Bien manger, c'est important pour ☑ la majorité des Français. 1
2. D'autres critères pour rester en bonne santé sont **bien dormir et faire du sport.** 4
3. La plupart des Français se décident pour un produit à cause ☑ du prix. 1
4. Pour la majorité des consommateurs le prix n'est pas important quand ils achètent ☑ des vêtements. 1

2. Compréhension des écrits

Exercice 1 **10 points**

	Restaurant «Chez Robert»		Club de Voile		Eurolangues		Job d'été international	
	😊	😟	😊	😟	😊	😟	😊	😟
Emploi en ville	x		x		x		x	
Logement en famille		x		x	x		x	
Deux jours libres		x	x			x	x	
Cours de français		x		x	x		x	
Durée du séjour	x		x		x			x

Le meilleur choix pour vous, c'est **Eurolangues** (Eurolangues accepte les candidatures pour 2 mois seulement pendant l'été).

Exercice 2 **15 points**

1. Le texte parle ☑ de l'importance des repas en famille. 2
2. Beaucoup de jeunes quittent la table parce qu'ils ☑ n'ont pas envie de discuter. 1
3. Pourquoi est-ce que le repas en famille peut aider à mieux se connaître?
   Pendant le repas, on parle des événements de la journée. / On partage joies et tristesses. 2
4. Quand Alvin a des problèmes, il dîne seul. ☑ faux 1,5
   Justification: **Je ne le fais pas (parce que je sais que la discussion ...)**
5. Où est-ce que la famille de Salomé prend régulièrement ses repas? 1
   ☑ Dans la salle de séjour.
6. Pendant la semaine, Vincent ☑ fait la cuisine lui-même. 1
7. En général, on mange mieux le week-end. ☑ vrai 1,5
   Justification: **Finis les pâtes et les plats surgelés. / (Tout le monde se retrouve dans la cuisine pour) essayer de délicieuses recettes.**
8. Pourquoi est-ce que l'ambiance est plus détendue pendant les repas du week-end? 1,5
   (Pendant les repas du week-end,) les discussions sont moins sérieuses que les soirs de semaine.
9. Chez Sophie, on dîne en famille le week-end. De quoi parle-t-on souvent? 1,5
   Des activités de la journée ou du lendemain.
10. Selon le texte, la majorité des familles françaises mange des plats froids le soir. 1
    ☑ cela n'est pas dit
11. Dans la plupart des familles, on s'entraide dans la cuisine. ☑ vrai 1

3. Production écrite 25 points

On est le 29 juin et c'est la fête du cinéma en France. A cette occasion, votre classe …

(1) A huit heures, ma classe et moi sommes allés au cinéma avec notre prof. Nous voudrons regarder le film «Ratatouille». Il faisait beau cette journée et au début, nous n'avons pas eu envie de regarder un film. Ma classe et moi allions à la rue quand il y a eu un accident avec une voiture et un petit garçon. Dix minutes plus tard, l'ambulance est arrivée. Nous avions soulagé parce que la blessure du garçon n'était pas grave. Et a huit heures quarontecinq nous sommes arrivées au cinéma et puis nous avons regardé le film. (2) Le film «Rattatouille», c'est un dessin animé et il s'agit d'un rat. Anja, Stefan et moi, nous avons mangé «Popcorn» et bu «Coca». Le film était très drôle et nous nous sommes amusés beaucoup. (3) J'ai aimé le film parce que j'adore les films qui ne sont pas très réalistes. Ma mère est venue chercher Anja, Stefan et moi avec la voiture à onze heures et demi. La journée restante, je suis resté à la maison.

(4) Je pense que nous allons monter à la montagne à notre excursion prochaine, s'il faisait beau. Parce que ce va être très drôle mais fatigant aussi. Nous pouvons faire un pique-niquer et nous pouvons jouer un jeu.

(Original Schülerversion) 215 mots

Übung
Lies dir den obigen Text (Original Schülerversion) genau durch und achte besonders auf folgende Fehlerarten:
- Bildung und Gebrauch von *présent, passé composé* und *imparfait*
- Teilungsartikel

Versuche, die Fehler im Aufsatz zu verbessern und vergleiche dann mit der korrigierten Version.

TIPP
Nachdem du deinen Text verfasst hast, solltest du ihn dir immer noch einmal ganz genau auf sprachliche Fehler hin durchlesen.

Korrigierte und ergänzte Schülerversion
Lundi, à huit heures, ma classe et moi sommes allés au cinéma avec notre prof. Nous **voulions** regarder le film «Ratatouille». Il faisait beau **ce jour-là** et au début, nous n'**avions** pas envie de regarder un film. Ma classe et moi, nous **sommes allés à pied au cinéma quand tout à coup,** il y a eu un accident avec une voiture et un petit garçon. Dix minutes plus tard, l'ambulance est arrivée. Nous **étions** soulagé**s** parce que la blessure du garçon n'était pas grave. **A** huit heures **quarante-cinq,** nous sommes arrivés au cinéma et puis nous avons regardé le film. Le film **«Ratatouille»**, c'est un dessin animé et il s'agit d'un rat. Anja, Stefan et moi, nous avons mangé **du pop-corn** et bu **du coca.** Le film était très drôle et nous nous sommes **beaucoup** amusés. J'ai aimé le film parce que j'adore les films qui ne sont pas très réalistes. Ma mère est venue chercher Anja, Stefan et moi avec la voiture à onze heures et demie. **L'après-midi,** je suis resté à la maison.
Je pense que **ça serait une bonne idée d'aller** à la montagne **pour notre prochaine** excursion, s'il **fait** beau. **A mon avis, ça va** être très drôle mais fatigant aussi. Nous **pourrons** faire **un pique-nique** et nous **pourrons** jouer **à** un jeu.

Grille d'évaluation *(25 points)*	Hinweise
Respect de la consigne Beachtung der Arbeitsanweisung *(2 points)*	☐ Die Aufgabe wurde **insgesamt erfasst.** ☐ Die **Länge** des Textes ist angemessen: 215 Wörter
Capacité à presenter des faits Fähigkeit, Inhalte zu präsentieren *(4 points)*	☐ Die **inhaltlichen Elemente** aus der Aufgabenstellung wurden alle aufgegriffen: ☐ (1) Beschreibung des Ausflugs ☐ (2) (3) Vorstellen und Bewertung des Films ☐ (4)Vorschläge für zukünftige Ausflüge ☐ Der Schüler kann **Erfahrungen und Sachverhalte** angemessen beschreiben. ☐ Die inhaltliche Beschreibung des Films sollte ausführlicher sein.
Capacité à exprimer sa pensée Fähigkeit, seine Meinung auszudrücken *(4 points)*	☐ Der Schüler verwendet **wertende Adjektive** wie: *beau, soulagé, grave, drôle, fatigant.* ☐ Der Schüler benutzt **wertende Ausdrücke** wie *nous n'avons pas eu envie de …, nous nous sommes amusés, j'ai aimé le film parce que j'adore …, je pense que …* ☐ Die Anzahl der wertenden Ausdrücke und Adjektive ist nicht ganz ausreichend.
Cohérence et cohésion Textaufbau / logische Verbindung der Inhalte *(3 points)*	☐ Der Text liest sich gut, allerdings ist dessen Ende zu abrupt. ☐ Der Schüler verwendet **zahlreiche verbindende Ausdrücke**: *A huit heures, … et au début, … quand, … dix minutes plus tard, … parce que, … et puis, … à onze heures et demie, … mais, …*
Etendue du vocabulaire Wortschatzumfang *(2 points)*	☐ Der Schüler verfügt über einen **ausreichenden Wortschatz,** um das Thema angemessen zu bearbeiten: *il faisait beau …, un accident …, soulagé …, blessure …, dessin animé …, il s'agit de …, réaliste …, ma mère est venue chercher …, fatigant*
Maîtrise du vocabulaire Korrekte Anwendung des Wortschatzes *(2 points)*	☐ Der Schüler macht wenige Fehler bei der **Anwendung des Wortschatzes**: *faire un pique-niquer* (statt *faire un pique-nique).*
Maîtrise de l'orthographe lexicale Korrekte Rechtschreibung, Zeichensetzung, Paragrafenbildung *(2 points)*	☐ Dem Text fehlt eine passende Einleitung sowie ein angemessener Schluss. ☐ Leider hat der Schüler zu wenig **Absätze** gemacht. ☐ Bis auf eine Ausnahme setzt der Schüler die **Akzente** immer korrekt *(a huit heures* statt *à huit heures)*; Orthografiefehler kommen kaum vor. ☐ Die Kommasetzung ist weitgehend richtig.

Grille d'évaluation *(25 points)*	Hinweise
Degré d'élaboration des phrases Komplexität der Satzstrukturen *(2 points)*	☐ Der Schüler kann **einfache Satzstrukturen** fehlerfrei bilden. Er verwendet Konjunktionen wie *mais, quand, parce que, et, …* ☐ Es kommen zwar **gängige, komplexere Satzkonstruktionen** wie Relativsätze (mit *qui*), indirekte Rede *(je pense que …)* und ein Konditionalsatz *(s'il faisait beau …)* im Text vor, jedoch nicht in ausreichendem Maße.
Choix des temps et des modes Verwendung der Zeiten und Modi *(2 points)*	☐ Folgende **Zeiten** werden im richtigen Zusammenhang angewandt: *présent, passé composé, imparfait, futur.* ☐ *Conditionnel* wird jedoch nicht verwendet.
Morphosyntaxe – orthographe grammaticale Grammatikalische Richtigkeit (Zeitenbildung, Accord bei Nomen und Adjektiven usw.) *(2 points)*	☐ Der Schüler macht noch einige **Grammatikfehler.** Das Verständnis wird dadurch jedoch nicht beeinträchtigt. Beispiele: *nous voudrons* (statt *voudrions*), *nous avions soulagé* (statt *nous étions soulagés*), *nous sommes arrivées* (statt *nous sommes arrivés*), *«Popcorn / Coca»* (statt *du pop-corn / du coca*), *nous nous sommes amusés beaucoup* (statt *nous nous sommes beaucoup amusés*), *à onze heures et demi* (statt *à onze heures et demie*), *s'il faisait beau* (statt *s'il fait beau*).

4. Production orale 25 points

Exercice 1: Entretien dirigé (2 à 3 min)

In der Mindmap zum Thema *Parler de moi* (S. 69) findest du die wichtigsten Ausdrücke, um dich vorzustellen.

Exercice 2: Exercice en interaction (3 à 4 min)

Die folgenden Situationen sind Beispiele für mögliche Dialoge zwischen dir und dem Prüfer.

Situation 1 – Au pair à Nantes

1. Pourquoi est-ce que tu n'aimes pas ta chambre?
   Ma chambre est trop petite, trop bruyante et la fenêtre est très petite. Le lit aussi est trop petit.

2. Quand est-ce que tu veux travailler alors?
   Je voudrais deux soirées libres pour voir mes amis. Je voudrais commencer à travailler plus tard. Le matin, je suis très fatigué(e). Je voudrais aussi faire des excursions le week-end, deux fois par mois par exemple.

3. Qu'est-ce qu'ils ont fait, mes petits chéris?
   Ils disent des gros mots, font des bêtises et ils n'écoutent pas. Ils mangent des sucreries, jouent à l'ordinateur toute la journée et ne font pas leurs devoirs.

4. Le vendredi, je travaille jusqu'à dix-sept heures. Tu ne peux pas prendre tes cours un autre jour?
   Mais mes amis vont toujours aux cours du vendredi après-midi. Les autres cours sont le matin quand je dois faire le ménage.

5. Demain soir, on voudrait bien sortir. Est-ce que tu as le temps de garder les enfants?
   Non, j'ai un rendez-vous avec une fille / un garçon sympa. Il / elle est blond / blonde et grand / grande. On va au restaurant.

Situation 2 – Chez le corres

1. J'ai l'impression que tu n'es pas content(e). Est-ce qu'il y a un problème?
   J'ai le mal du pays. Ma famille et mes copains me manquent. Je me sens seul(e) et je m'ennuie. Je voudrais téléphoner à ma famille.

2. Tu n'aimes pas la cuisine française? Qu'est-ce que tu aimes?
   Je déteste les steaks saignants et le fromage. J'aime les fruits et les légumes, comme la salade et les carottes.

3. Tu as des difficultés à me comprendre?
   Oui, vous parlez trop vite et vous utilisez des mots que je ne connais pas.

4. Tu t'ennuies? Qu'est-ce que tu aimes faire?
   J'aime le sport, le football et le volley par exemple. J'aimerais faire des excursions au bord de la mer et faire du shopping en ville.

5. Pourquoi est-ce que tu es triste? Il y a quelqu'un en Allemagne qui te manque?
   Oui, je suis très amoureux / amoureuse de ma petite amie / mon petit ami. Nous sommes ensemble depuis deux mois.

Exercice 3: Monologue suivi (5 à 7 min)

So können die Fragen zu beiden Texten beantwortet werden:

Texte 1 – Les collégiens abusent-ils de l'alcool?

1. De quelle manière est-ce que la consommation d'alcool a changé?
   Plus de jeunes boivent de l'alcool aujourd'hui, mais on boit moins d'alcool en France.

2. Pourquoi est-ce qu'on s'inquiète à l'Académie de médecine?
   Il y a des jeunes de 13-14 ans qui ont déjà bu trop d'alcool et qui sont allés à l'hôpital à cause de ça.

3. Des «TGV», qu'est-ce que c'est?
   C'est un mélange de tequila, de gin et de vodka. / C'est un mélange tequila-gin-vodka.

4. Pour quelles raisons est-ce qu'on boit de l'alcool d'après le texte?
   On boit de l'alcool pour s'amuser, oublier ses problèmes et pour faire comme ses amis.

5. D'après le texte, quels problèmes est-ce qu'il y a à cause de l'alcool?
   L'alcool détruit des zones du cerveau. On devient dépendant plus tard.

6. Une fête sans alcool, est-ce que c'est encore une fête?
   Oui, on peut s'amuser sans alcool. On peut bavarder, rigoler et danser.

7. Est-ce que vous buvez souvent de l'alcool? Et vos copains?
   Non, mais j'ai bu un verre de champagne à Noël avec mes parents et à mon anniversaire.
   Mes copains boivent une ou deux bières quand ils vont à une fête.

8. On a interdit les fêtes où on peut boire autant qu'on veut. A votre avis, est-ce que c'est une bonne décision?
   Oui, c'est une bonne décision. C'est dangereux pour les jeunes si l'alcool est bon marché parce qu'ils boivent beaucoup.

Texte 2 – Fête du vélo, alors faites du vélo!

1. Pourquoi est-ce que de plus en plus de gens préfèrent circuler à vélo?
   Parce que c'est bon pour l'environnement, c'est bon marché et bon pour la santé.

2. Dans quel pays est-ce que le vélo est utilisé le plus souvent?
   C'est au Japon.

3. Le nombre de cyclistes a augmenté en 2007. Pourquoi?
   Parce que les grandes villes françaises ont mis des vélos en libre service.

4. La fête du Vélo, qu'est-ce que c'est? C'est où? C'est quand?
   C'est tous les ans, le premier week-end du mois de juin et dans toute la France, dans les villes et à la campagne.

5. Quels moyens de transport est-ce que vous utilisez? Dans quelles situations?
   En hiver, je vais à l'école en bus et en été, à vélo. Pour aller à Munich, je prends le train. Si on part en vacances, on prend la voiture.

6. Est-ce que vous aimeriez faire un voyage à vélo? Pourquoi oui / non? Expliquez.
   Non, je n'aimerais pas faire un voyage à vélo parce que je ne suis pas sportif(-ive). C'est très fatigant et pas pratique s'il pleut par exemple.

7. Le tour de France, ça vous intéresse? Donnez des explications.
   Non, les cyclistes se dopent toujours. Je préfère le foot parce qu'on joue dans une équipe. Je joue au foot depuis huit ans.

1. Compréhension de l'oral 25 points

15–21

> **TIPP**
> Bevor du mit den Hörverstehensübungen beginnst, lies dir bitte die Hinweise zur *Compréhension de l'oral* auf Seite 4 genau durch.

Vous allez entendre 3 documents sonores, correspondant à des situations différentes.
Pour chaque document, vous aurez:
- 30 secondes pour lire les questions;
- une première écoute, puis 30 secondes de pause pour commencer à répondre aux questions;
- une deuxième écoute, puis 1 minute de pause pour compléter vos réponses.

Répondez aux questions en cochant (✕) la bonne réponse ou en écrivant l'information demandée.

> **TIPP**
> Lies die Mindmap zum Thema *téléphoner* durch, bevor du diese Aufgabe machst.

Exercice 1: Messages sur le répondeur 10 points

Répondez aux questions en cochant (✕) la bonne réponse ou en écrivant l'information demandée.

Message 1

1. Qui appelle Fabien? 1

☐ Son père. ☐ Sa sœur. ☐ Sa femme.

2. L'avion de Hambourg … 1

☐ arrive comme prévu. ☐ est en retard. ☐ est annulé.

3. Comment est-ce que la femme de Fabien va rentrer à la maison? 1

☐ On va aller la chercher à l'aéroport.
☐ Elle va prendre un taxi.
☐ Cela n'est pas dit.

Message 2

4. La maman de Fabien est … 1

☐ surprise. ☐ inquiète. ☐ furieuse.

5. Sa mère dit à Fabien qu'il doit … 1

☐ acheter un cadeau. ☐ s'occuper de la fête. ☐ aller chez le docteur.

Message 3

6. Quand est-ce que Fabien a commandé la télé chez «MediaMonde»? 2

____

7. Monsieur Baptiste appelle Fabien pour l'informer … 1

☐ que la télé coûte 25 € de plus.
☐ qu'il y a un service de livraison.
☐ qu'il doit aller chercher la télé vendredi.

8. Le numéro de téléphone de monsieur Baptiste, c'est … 2

le 04 67 ______ 85 ______

Exercice 2: Annonce dans le métro **5 points**

Répondez aux questions en cochant (✕) la bonne réponse ou en écrivant l'information demandée.

1. Pour quelle raison la RATP a-t-elle changé les horaires? 2

___

2. Sur les lignes 1 et 13, les trains partent … 1
☐ plus souvent. ☐ moins souvent. ☐ comme toujours.

3. Jusqu'à quand le trafic sera-t-il réduit sur la ligne 7? 2

___

Exercice 3: Une interview à l'école **10 points**

Répondez aux questions en cochant (✕) la bonne réponse ou en écrivant l'information demandée.

1. Mayeul a commencé à danser … 1
☐ il y a 12 ans. ☐ il y a un an. ☐ à 4 ans.

2. Comment est-ce qu'il a découvert la danse? 2

___

3. Si ses copains apprennent qu'il danse, ils … 1
☐ vont rigoler. ☐ vont vouloir discuter. ☐ ne vont pas le croire.

4. Mayeul dit qu'il … 1
☐ pense à arrêter de danser.
☐ va peut-être continuer à danser.
☐ veut garder sa bonne forme.

5. Pourquoi a-t-il aussi commencé à faire du rugby? 2

___

6. Il aime le rugby, parce qu'il … 1
☐ peut oublier ses soucis.
☐ adore faire du sport en équipe.
☐ aime tous les jeux de balle.

7. Mayeul pense … 1
☐ que quelques sports sont uniquement pour les filles.
☐ que le rugby est réservé aux garçons.
☐ que les sports, en général, sont pour tout le monde.

8. La corres … 1
☐ est d'accord avec Mayeul.
☐ n'est pas d'accord avec Mayeul.
☐ ne donne pas son opinion.

TIPP
Nachdem du die Aufgabe gemacht hast, kannst du deine persönliche Mindmap zum Thema *voyager* mit Vokabeln aus diesem Hörtext ergänzen.

TIPP
Erstelle zunächst eine Mindmap zum Thema *sports*. Nachdem du die Hörverstehensübung gemacht hast, kannst du deine Mindmap mit Vokabeln aus dem Hörtext zu dieser Aufgabe ergänzen.

TIPP
Vergiss bitte nicht, dir die Hinweise zur *Compréhension des écrits* auf Seite 5 durchzulesen.

2. Compréhension des écrits

25 points

Exercice 1 **10 points**

Ta corres et toi êtes tombé(e)s sur le site Internet www.amicontact.fr.
Sylvie cherche **un petit ami** entre 15 et 20 ans.
ELLE

- ♥ aime surtout **les sports aquatiques**.
- ♥ chante dans un **groupe de rock**.
- ♥ préfère **les garçons grands et bruns**.
- ♥ veut voir son petit ami le plus souvent possible, alors il est important qu'il habite **à la Rochelle** ou qu'il ait une **voiture**.

Voilà les présentations de 4 garçons que vous trouvez sur ce site. A qui est-ce que Sylvie va donner rendez-vous?

Salut,
Je m'appelle Philippe, j'ai 17 ans et j'habite à la Rochelle avec ma copine qui, malheureusement, n'a pas du tout envie de faire du sport avec moi. Je ne suis pas motivé pour aller faire de la natation seul. Si tu es dans la même situation que moi, alors entrons en contact. Age et sexe indifférents.

PS: Si tu veux voir ma tête, jette un coup d'œil sur le site Internet de notre groupe de rock www.lesrocktomates.fr. Tu y trouveras une photo de notre groupe. Moi, je suis le grand type aux cheveux bruns.

Coucou les princesses!
Vous cherchez un type musclé aux cheveux blonds? Alors vous avez de la chance!
Vous venez de trouver l'homme de vos rêves! ☺ … Je suis de Sainte-Soulle, près de la Rochelle, j'ai 18 ans et mesure 1 mètre 65. Pour rester en forme, je m'entraîne dans une salle de musculation quatre fois par semaine. Je suis tous les vendredis soir à la Disco Sonore (Le hip-hop, c'est ma grande passion!). Envie de faire un tour avec moi dans mon coupé Z4? J'attends votre réponse. Grosses bises, Adrien.

Salut!
Je suis Nicolas, j'ai 19 ans, je suis bronzé et assez grand. J'habite à 70 kilomètres de la Rochelle. Le mois prochain, je vais commencer des études d'anglais à l'université de la Rochelle pour devenir prof. Je suis déjà tous les week-ends à la Rochelle parce que je suis membre d'un club de voile. J'adore aussi le surf et je suis un grand fan de techno. Tu aimes aussi la techno? Y a-t-il de la place pour moi dans ton cœur? Ça me ferait plaisir de te rencontrer.
Grosses bises et peut-être à bientôt ☺.
Nicolas

Bonjour,
Je m'appelle Thierry, j'ai 15 ans, je mesure 1 mètre 85 et je suis brun aux yeux bleus. J'habite dans un petit village près de Grenoble. Je suis accro aux jeux vidéo. Franchement, je ne suis pas trop sportif … mais j'ai d'autres qualités, tu verras! Par exemple, je suis très romantique. Je t'écrirai les plus beaux poèmes du monde. J'aime aussi la musique des comédies musicales. Les sorties en discothèques, par contre, ce n'est pas mon truc (le rock, c'est de la pollution pour mes oreilles!) Si tu es sympa, fidèle et si tu veux faire la connaissance d'un type pas comme tous les autres, écris-moi un e-mail pour fixer un rendez-vous.
Thierry

Pour chaque garçon et pour chaque critère, mettez une croix dans la case «Cela convient» ☺ ou «Cela ne convient pas» ☹.

	Philippe		Adrien		Nicolas		Thierry	
	☺	☹	☺	☹	☺	☹	☺	☹
Cherche petite amie?								
Apparence physique O.K.?								
Adore sports aquatiques?								
Mêmes goûts musicaux?								
Rencontres fréquentes possibles?								

A qui donner rendez-vous? ______________________________

Exercice 2 **15 points**

Bises, bisous, baisers …
Pourquoi on s'embrasse?

Si 90 % de l'humanité a l'habitude de s'embrasser, cette pratique prend des formes très diverses selon les pays et les périodes de la vie. Et bien sûr, on n'embrasse pas de la même façon sa famille, ses amis, son amoureux(-se) ou son cochon d'Inde.

Au collège, beaucoup d'ados commencent à se faire la bise. La philosophe Michela Marzano s'étonne: «Il faut se coller à la joue de quelqu'un qu'on ne connaît parfois pas du tout et qu'on laisse s'approcher très près! En Italie, d'où je viens, cela serait gênant.»

Maiwenn, 12 ans, trouve un peu étrange cette manie de se faire la bise au collège: «Depuis la 6e, les filles me tendent la joue pour dire bonjour. Si on me demandait mon avis, je pourrais vivre sans, mais je ne veux pas vexer mes amis …»

Personne n'est obligé de faire la bise à tout le monde. Surtout s'il est de l'autre sexe. Cela n'empêche pas Emeline, 12 ans, d'embrasser ses amis garçons depuis qu'elle est en 5e: «On les connaît mieux, ce sont nos copains, ça ne nous gêne plus.» Car embrasser quelqu'un, c'est d'abord une marque de confiance, une façon de montrer qu'on appartient au même groupe.

Sepideh, 13 ans, qui habite en Iran:
«A l'école, les garçons et les filles sont séparés. On ne connaît pas trop ses voisins, seulement ses cousins. Mais entre filles, on est très proches: on peut s'embrasser et surtout se tenir par le bras ou la main, très souvent, dans la rue et au collège.»

Amadou Tidiane, 11 ans, Sénégal:
«Les lycéens se font la bise entre garçons, c'est commun. Mais au collège, on ne s'embrasse pas, c'est réservé aux filles. On se dit simplement *Salam aleikoum* («bonjour» en arabe). Mais entre copains, on se prend souvent par la main ou par l'épaule, on peut se tenir

proches, c'est un signe d'affection. […] Chez nous, seulement les amoureux se donnent des vrais baisers. Le baiser est une forme d'anti-stress: bon à savoir avant un contrôle! Pour exprimer ses sentiments, un baiser est bien mieux qu'un long discours.

Chiara, 13 ans, Italie:
«En Italie, on se touche facilement quand on se connaît bien. Même des garçons qui sont juste copains peuvent se tenir par la main en marchant. En revanche, les amoureux qui veulent s'embrasser doivent se cacher un peu. Un père peut punir sa fille s'il apprend qu'elle a embrassé un garçon.»

Marie, 12 ans, Bordeaux:
«Impossible dans mon collège de nous embrasser avec mon amoureux. On ne se tient même pas par la main, sinon les autres font tout de suite des remarques et des blagues. C'est gênant, mais c'est bien aussi le secret.»
D'après Okapi, 15 avril 2008, p. 26 – 31 (451 mots)

Lisez le texte, cochez (✕) la bonne réponse et donnez les informations qui manquent.

1. D'après le texte, la manière de s'embrasser dépend des personnes qui sont présentes et de leurs relations. 1,5
   ☐ Vrai ☐ Faux
   Justification: ______

2. Pour Michela Marzano, l'habitude de s'embrasser pour dire bonjour est bizarre. 1,5
   ☐ Vrai ☐ Faux
   Justification: ______

3. Maiwenn n'aime pas trop faire la bise. Il la fait quand même.
   Pourquoi? 2
   ______

4. Selon Emeline, faire la bise … 1
   ☐ est une pratique obligatoire. ☐ est une habitude gênante. ☐ est une preuve d'amitié normale.

5. En Iran, … 1
   ☐ les garçons et les filles sont très proches.
   ☐ les jeunes s'embrassent souvent en public.
   ☐ les relations entre les filles sont cordiales.

6. Au Sénégal, faire la bise est une pratique habituelle parmi … 1
   ☐ les garçons au collège. ☐ les filles au collège. ☐ tous les collégiens.

7. Pourquoi est-ce qu'un baiser avant une interrogation a un effet positif? 2
   ______

8. Selon Amadou, le meilleur langage au monde est un baiser. 1,5
   ☐ Vrai ☐ Faux
   Justification: ______

9. En Italie, les amoureux montrent souvent leur affection en public. 1,5
   ☐ Vrai ☐ Faux
   Justification: ______

10. Pourquoi est-ce que Marie ne veut pas embrasser son petit ami à l'école? 2
    ______

3. Production écrite

25 points

Exercice: Lettre personnelle

Vous passez vos vacances en France et vous écrivez une lettre à un(e) ami(e) français(e). Vous parlez **des activités** (1) que vous avez déjà pratiquées et de vos **projets futurs** (2). Vous racontez aussi que vous avez fait la **connaissance d'un garçon / d'une fille** que vous trouvez très sympa (3). Vous **décrivez** la personne et votre **premier rendez-vous** (4).

Ecrivez un texte construit et cohérent à votre amie(e). (160 à 180 mots).

TIPP

Vergiss bitte nicht, dir die Hinweise zur *Production écrite* auf Seite 6 noch einmal durchzulesen, bevor du an diese Aufgabe herangehst.

4. Production orale

25 points

Exercice 1: Entretien dirigé (2 à 3 min)

Zu Beginn der Prüfung wirst du gebeten, dich kurz vorzustellen.

Présentation générale:

Bonjour … Pouvez-vous vous présenter, me parler …

- de vous,
- de votre famille / âge / ville / école / maison / chambre / animal domestique,
- de vos amis / loisirs / vos dernières vacances / projets …?

TiPP

Vergiss bitte nicht, dir die Hinweise zur *Production orale* auf Seite 9 durchzulesen.

TiPP

In der Mindmap *parler de moi* findest du wichtige Begriffe und Anregungen für diesen Prüfungsteil.

Exercice 2: Exercice en interaction (3 à 4 min)

In diesem Teil der Prüfung ziehst du zwei Situationen und darfst dir eine davon aussuchen.

Situation 1

Le vol annulé

Vous êtes à l'aéroport Charles de Gaulle à Paris et vous voulez retourner en Allemagne. Malheureusement votre vol est annulé. Vous êtes inquiet(-ète) et vous allez au guichet pour vous renseigner. Vous dites à la dame / au monsieur du guichet que vous devez absolument rentrer à Munich le plus tôt possible. Vous expliquez pourquoi et vous cherchez une solution ensemble.

(L'examinateur joue le rôle de la dame / du monsieur au guichet.)

Questions possibles:

1. Je peux vous proposer un autre vol demain / ce soir à … heures. Ça vous va?
2. Il y a aussi un vol Paris-Nuremberg cet après-midi, à quatorze heures. Ça vous convient?
3. Il y a un autre vol pour aller à Munich à midi, mais il y a seulement des places en première classe. Le supplément est de 100 €. Ça vous intéresse?
4. Vous pouvez aussi prendre le TGV Paris-Munich. Le train partira ce soir à cinq heures et arrivera à Munich vers neuf heures. Est-ce que je dois vous réserver une place?
5. Ecoutez, comme c'est la faute d'Air France et que vous êtes encore à l'école, vous pouvez voyager en première sans supplément. Alors, vous prenez le vol de midi?
6. Au cas où il y aurait encore un problème avec le vol, pourriez-vous me donner votre numéro de portable, s'il vous plaît?

Situation 2

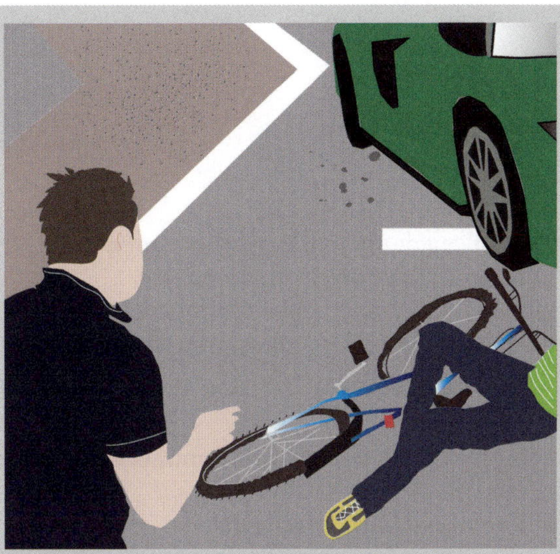

Accident

Vous passez vos vacances à Antibes. Vous faites une randonnée à vélo et malheureusement vous avez un accident avec une voiture. Le conducteur de la voiture ne veut pas appeler la police et dit que l'accident, c'était votre faute. Vous discutez avec lui et lui dites que vous êtes blessé(e) et qu'il faut absolument appeler la police / une ambulance. Vous voulez aussi voir sa carte d'identité pour avoir ses coordonnées (nom, prénom, adresse, date de naissance …).

(L'examinateur joue le rôle du conducteur.)

Questions possibles:

1. Pourquoi appeler la police? Je pense que ce n'est pas nécessaire.
2. Mais l'accident, c'était votre faute! Vous n'avez pas fait attention. / Vous rouliez trop vite.
3. Ma voiture est abîmée! Mais on peut tout régler sur place. Donnez-moi cent euros et on oublie tout.
4. Votre blessure n'est pas grave. A mon avis, il ne faut pas appeler d'ambulance.
5. Ma carte d'identité? Je ne l'ai pas sur moi. Mais je peux vous donner mon numéro de téléphone.

Exercice 3: Monologue suivi (5 à 7 min)

In diesem Teil der Prüfung darfst du zwei Texte ziehen und dir nach kurzem Überfliegen der Texte einen davon aussuchen. Für die Bearbeitung des gewählten Textes hast du 10 Minuten Vorbereitungszeit.

TIPP
Versuche, dich in diese Situation hineinzuversetzen und ganz klar und deutlich deine Meinung auszudrücken.

Texte 1

L'argent – ça te rend heureux?

Bien sûr, l'argent ne suffit pas pour être heureux. Mais il est bien utile au quotidien. 40 % des 10-15 ans reçoivent de l'argent de poche régulièrement. La somme moyenne est de 15 euros par mois, mais il y a une grande diversité: certains ados ne perçoivent rien du tout ou très peu, d'autres ont beaucoup plus! «Je connais une fille de 15 ans qui a environ 1000 euros par mois d'argent de poche. Mais cette richesse pose aussi des problèmes. Beaucoup de jeunes riches ne prennent pas conscience de la valeur des choses», raconte le psychologue Thierry Gallois. Car l'argent ne sert pas seulement à se faire plaisir: apprendre à économiser, c'est aussi important.

D'après Okapi, 1er Janvier 2008 (120 mots)

Fragen zum Text:

1. Est-ce que tous les jeunes reçoivent de l'argent de poche? Expliquez.
2. Combien d'argent est-ce que les ados reçoivent environ?
3. Est-ce que la richesse a seulement des aspects positifs pour les jeunes? Expliquez.
4. Pourquoi est-ce que l'argent de poche joue un rôle important dans l'éducation des jeunes?

Weiterführende Fragen zum Thema:

5. Combien d'argent de poche est-ce que vous recevez? Comment est-ce que vous dépensez votre argent?
6. Est-ce que vous gagnez de l'argent en plus? Comment?
7. Si vous étiez riche, qu'est-ce que vous feriez avec votre argent?
8. «Si on a beaucoup d'argent, on a beaucoup d'amis». Est-ce que c'est vrai?
9. D'après vous, est-ce que l'argent rend heureux?

Texte 2

Surf: pour les amoureux de la vague

Le Pérou (Amérique du Sud) accueille jusqu'au 6 avril le Championnat master.

Les jeunes sont interdits de compétition! La compétition de Punta Roca, au Pérou, est en effet un championnat pour les plus de 35 ans, «les anciens», ceux qui ont déjà pratiqué tous les sports du monde. Au Pérou, l'équipe de France est constituée de 6 surfeurs. La France est l'un des douze pays qui participent aux masters.
Un mois plus tard, du 24 mai au 1er juin, aura lieu en France, au pays basque, la compétition pour les juniors. L'occasion d'admirer les jeunes Français qui rêvent de l'exploit de Jérémy Florès, ce jeune Réunionnais, meilleur débutant du WCT l'année dernière, le championnat du monde qui réunit les meilleurs surfeurs professionnels. *(129 mots)*

Fragen zum Text:

1. Qui peut participer au Championnat master au Pérou?
2. Combien de nationalités participent à la compétition?
3. Jérémy Florès, qui est-ce?
4. Qu'est-ce que c'est le «WCT»?

Weiterführende Fragen zum Thema:

5. Jérémy Florès est une idole pour beaucoup de surfeurs. Vous avez aussi un(e) idole? Décrivez-le(-la).
6. Est-ce que vous aimez les sports aquatiques? Lesquels? Pourquoi (pas)?
7. Est-ce que vous pratiquez d'autres sports? Avec qui? Quand? Où?
8. A votre avis, est-ce que c'est important d'avoir des cours de sport à l'école?

1. Compréhension de l'oral — 25 points

11–21

Exercice 1: Messages sur le répondeur — 10 points

Vous allez entendre 3 messages laissés sur un répondeur.

Bonjour et bienvenue sur le répondeur automatique de Fabien. Je ne suis pas là pour le moment, mais laissez-moi un message après le bip sonore et je vous rappellerai dès mon retour.

– Salut chéri, c'est moi. Je t'appelle pour te dire que je suis encore à Hambourg. Malheureusement, Air France est en grève et je ne pourrai pas être à l'heure ce soir. Mon avion n'arrivera pas à Lyon à dix-huit heures quinze comme prévu, mais à vingt-et-une heure cinquante. Tu viens me chercher au terminal 2, d'accord? Tu me manques! Je t'embrasse, à ce soir.

– Coucou mon chéri, c'est maman. Qu'est-ce qui se passe? Je n'arrive pas à te joindre depuis une semaine. Franchement, je commence à me faire du souci. Rappelle-moi le plus vite possible. Il faut encore que tu achètes le cadeau d'anniversaire pour ton père. Moi et ta sœur, nous allons nous occuper de l'organisation de la fête surprise. Cet après-midi j'ai rendez-vous chez le docteur. Rappelle-moi ce soir à partir de cinq heures, s'il te plaît.

– Bonjour monsieur Faure, monsieur Baptiste de «MediaMonde» à l'appareil. Vous avez commandé une télé chez nous il y a 2 semaines. Je suis content de vous annoncer qu'elle est arrivée ce matin. Si vous voulez, on peut la livrer chez vous; ça fait un supplément de 25 euros. Notre service de livraison est là pour vous pendant toute la semaine, sauf le vendredi. Prévenez-moi quel jour vous conviendrait le mieux. Vous pouvez bien sûr venir chercher la télé dans notre magasin. Contactez-moi s'il vous plaît au numéro suivant: 04 67 93 85 15. Au revoir, merci.

Message 1

1. Qui appelle Fabien? ☑ Sa femme. — 1
2. L'avion de Hambourg ☑ est en retard. — 1
3. Comment est-ce que la femme de Fabien va rentrer à la maison? — 1
   ☑ On va aller la chercher à l'aéroport.

Message 2

4. La maman de Fabien est ☑ inquiète. — 1
5. Sa mère dit à Fabien qu'il doit ☑ acheter un cadeau. — 1

Message 3

6. Quand est-ce que Fabien a commandé la télé chez «MediaMonde»? — 2
   Il y a deux semaines.
7. Monsieur Baptiste appelle Fabien pour l'informer ☑ qu'il y a un service de livraison. — 1
8. Le numéro de téléphone de monsieur Baptiste, c'est le 04 67 **93** 85 **15**. — 2

Exercice 2: Annonce dans le métro — 5 points

Vous êtes dans le métro à Paris et vous entendez l'annonce suivante.

Mesdames et Messieurs, bonjour. La RATP vous informe qu'à l'occasion du Tour de France, il y aura des changements d'horaires cet après-midi. Sur les lignes 1 et 13, les trains circuleront toutes les cinq minutes au lieu de dix minutes. Des bus supplémentaires seront également mis à votre disposition.
Le trafic sur la ligne 7 sera perturbé en raison de travaux jusqu'à ce soir. Nous vous prions de nous excuser pour ce désagrément et nous vous remercions de votre compréhension.

1. Pour quelle raison la RATP a-t-elle changé les horaires? **(En raison du) Tour de France.** 2
2. Sur les lignes 1 et 13, les trains partent ☑ plus souvent. 1
3. Jusqu'à quand le trafic sera-t-il réduit sur la ligne 7? **Jusqu'à ce soir.** 2

Exercice 3: Une interview à l'école — 10 points

Pendant un échange scolaire, tu passes quelques jours dans un collège français. Ta classe fait un projet sur le sport. Ta corres interviewe un élève.

Corres: Mayeul est en sixième et a 12 ans. Il fait du rugby depuis un an et il a commencé à faire de la danse à l'âge de 4 ans. Apparemment, il s'amuse beaucoup!
Pourquoi est-ce que tu as commencé la danse?
Mayeul: Ma mère faisait de la danse, ça m'a donné l'idée d'en faire. J'ai continué et j'aime beaucoup ça.

Corres: Est-ce que tu dis à tes copains que tu fais de la danse?
Mayeul: J'ai pas trop envie de le dire, car après, les garçons se moquent de moi, ils ne discutent plus avec moi. Ils croient que c'est un sport de fille.

Corres: Et c'est un problème pour toi?
Mayeul: Non, ça m'est égal ce qu'ils disent. Je n'arrêterai jamais la danse à cause des autres. Je veux continuer et garder un bon niveau.

Corres: Et pourquoi fais-tu du rugby?
Mayeul: Quand j'ai commencé la danse, je voulais aussi faire un sport masculin.

Corres: Qu'est-ce qui te plaît dans chacun de ces sports?
Mayeul: Dans la danse, je peux oublier mes problèmes, je me sens libre. C'est un sport très physique. Au rugby, j'aime jouer en équipe. C'est un sport pour tout le monde, il faut des grands et des petits. Des petits qui courent partout et très vite et des grands qui attrapent bien la balle.

Corres: Que réponds-tu aux gens qui pensent qu'il y a des sports pour les filles, et d'autres pour les garçons?
Mayeul: Je leur réponds qu'il n'y a pas de panneau «Réservé aux filles» ou «Réservé aux garçons» au bord du terrain. Je ne serais pas du tout content si on interdisait des sports aux filles et aux garçons. Ce serait du racisme.

Corres: Tu as raison. Bon, merci bien, Mayeul pour cette interview.

Article paru dans LE JOURNAL DES ENFANTS du jeudi 3 avril 2008

1. Mayeul a commencé à danser ☑ à 4 ans. 1
2. Comment est-ce qu'il a découvert la danse? **Sa maman / mère faisait de la danse.** 2
3. Si ses copains apprennent qu'il danse, ils ☑ vont rigoler. 1
4. Mayeul dit qu'il ☑ veut garder sa bonne forme. 1
5. Pourquoi a-t-il aussi commencé à faire du rugby?
Parce qu'il voulait aussi faire un sport masculin. 2
6. Il aime le rugby, parce qu'il ☑ adore faire du sport en équipe. 1
7. Mayeul pense ☑ que les sports, en général, sont pour tout le monde. 1
8. La corres ☑ est d'accord avec Mayeul. 1

2. Compréhension des écrits **25 points**

Exercice 1 **10 points**

	Philippe		Adrien		Nicolas		Thierry	
	☺	☹	☺	☹	☺	☹	☺	☹
Cherche petite amie?		x	x		x		x	
Apparence physique O.K.?	x			x	x		x	
Adore sports aquatiques?	x			x	x			x
Mêmes goûts musicaux?	x			x		x		x
Rencontres fréquentes possibles?	x		x		x			x

A qui donner rendez-vous? **A Nicolas** *(il cherche une petite amie).*

Exercice 2 **15 points**

1. D'après le texte, la manière de s'embrasser dépend des personnes qui sont présentes et de leurs relations. ☑ Vrai 1,5
   Justification: **... on n'embrasse pas de la même façon sa famille, ses amis, son amoureux(se) ou son cochon d'Inde.**
2. Pour Michela Marzano, l'habitude de s'embrasser pour dire bonjour est bizarre.
   ☑ Vrai 1,5
   Justification: **Il faut se coller à la joue de quelqu'un qu'on ne connaît parfois pas du tout et qu'on laisse s'approcher très près!**
3. Maiwenn n'aime pas trop faire la bise. Il la fait quand même.
   Pourquoi? **Il ne veut pas vexer ses amis.** 2
4. Selon Emeline, faire la bise ☑ est une preuve d'amitié normale. 1
5. En Iran, ☑ les relations entre les filles sont cordiales. 1
6. Au Sénégal, faire la bise est une pratique habituelle parmi ☑ les filles au collège. 1
7. Pourquoi est-ce qu'un baiser avant une interrogation a un effet positif? 2
   Le baiser est une forme d'anti-stress.
8. Selon Amadou, le meilleur langage au monde est un baiser. ☑ Vrai 1,5
   Justification: **Pour exprimer ses sentiments, un baiser est bien mieux qu'un long discours.**
9. En Italie, les amoureux montrent souvent leur affection en public. ☑ Faux 1,5
   Justification: **Les amoureux qui veulent s'embrasser doivent se cacher un peu.**
10. Pourquoi est-ce que Marie ne veut pas embrasser son petit ami à l'école? 2
    Les autres font tout de suite des remarques et des blagues.

3. Production écrite 25 points

Lettre personnelle

Chère Tina,
J'ai passé mes vacances en France avec ma famille et j'ai beaucoup à raconter. Nous avons habité dans un petit hôtel dans le centre de Paris. Le lundi mes parents et moi, nous avons acheté un plan de la ville. Le lundi soir ma sœur et moi, nous avons faire du shopping. Les magasins était très grand avec beaucoup de la mode. Le mardi n'était pas très beau pour moi. Nous avons visité la tour d'Eiffel. Mon père et moi, nous sommes allés dans la première étage. C'était très hautement et j'ai eu mal au cœur. C'était le raison, pourquoi nous sommes sortis la tour d'Eiffel rapide(1). Le lendemain j'ai rencontré un garçon. Le garcon de mon rêve! C'était le mercredi et mes parents voulaient visister le Louvre. J'ai pensé que ce n'est pas interessant et j'ai attendu à côté de Louvre dans un café. Et il était dans le café aussi! Il s'appelle Johannis et il m'a acheté un coca. J'ai bavardé avec lui jusqu'à mes parents m 'ont enlevé (3). Johannis et moi, nous avons fait un rendez-vous pour jeudi à 10 heures. Nous avons passé le jour dans le zoo ensemble. Il m'a donné son adresse et je vais lui ecrire! (4) Demain, nous allons visiter le Sacré-Cœur (2). J'éspère que tu était des bonnes vacances aussi!

Bises
Sarah
(Original Schülerversion) 215 mots

Übung
Lies dir den obigen Text (Original Schülerversion) genau durch und achte besonders auf Fehler in folgenden Bereichen:
- Bildung von *passé composé* und *imparfait*
- Artikel und Wochentage
- Adjektiv / Adverb

Versuche, die Fehler im Aufsatz zu verbessern und vergleiche sie dann mit der korrigierten Version.

Korrigierte und ergänzte Schülerversion
Chère Tina,
Je passe mes vacances en France avec ma famille et j'ai beaucoup à raconter. Nous **habitons** dans un petit hôtel dans le centre de Paris. **Lundi,** mes parents et moi, nous avons acheté un plan de la ville. **Lundi** soir, ma sœur et moi, nous avons **fait** du shopping. Les magasins **étaient** très **grands** avec beaucoup de **vêtements à la mode. Mardi, ce n'était pas une bonne journée** pour moi. Nous avons visité la **tour Eiffel.** Mon père et moi, nous sommes allés **au premier étage.** C'était très **haut** et j'ai eu mal au cœur. **C'est pourquoi / C'est la raison pour laquelle** nous sommes **descendus de** la **tour Eiffel rapidement.** Le lendemain, j'ai rencontré un garçon. Le **garçon** de **mes rêves! C'était mercredi** et mes parents voulaient **visiter** le Louvre. J'ai pensé que ce n'**était** pas **intéressant** et j'ai attendu à côté **du** Louvre, dans un café. Et il *(besser: le garçon)* était dans le café aussi! Il s'appelle Johannis et il m'a acheté un coca. J'ai bavardé avec lui **jusqu'à ce que** mes parents **viennent me chercher.** Johannis et moi, nous avons **fixé un rendez-vous** pour jeudi à 10 heures. Nous avons passé **la journée au zoo** ensemble. Il m'a donné son adresse et je vais lui **écrire**. Demain, nous allons visiter le Sacré-Cœur. J'**espère** que **tu passes** des bonnes vacances aussi!

TIPP
Nachdem du deinen Text verfasst hast, solltest du ihn dir immer noch einmal ganz genau auf sprachliche Fehler hin durchlesen.

Grille d'évaluation *(25 points)*	Hinweise
Respect de la consigne Beachtung der Arbeitsanweisung *(2 points)*	☐ Die Aufgabe wurde **insgesamt erfasst** (persönlicher Brief). ☐ Die **Textlänge** ist in Ordnung: 225 Wörter
Capacité à presenter des faits Fähigkeit, Inhalte zu präsentieren *(4 points)*	☐ Folgende **inhaltlichen Elemente** aus der Aufgabenstellung wurden aufgegriffen: ☐ (1) vergangene Aktivitäten ☐ (2) zukünftige Vorhaben ☐ (3) neue Bekanntschaft ☐ (4) erstes Rendez-vous ☐ Eine genauere Beschreibung der Person fehlt allerdings. ☐ Der Schüler kann **Erfahrungen und Sachverhalte** angemessen beschreiben.
Capacité à exprimer sa pensée Fähigkeit, seine Meinung auszudrücken *(4 points)*	☐ Der Schüler verwendet **wertende Adjektive** / Adverben wie: *grand, petit, beau, haut(ement), rapide, intéressant, bonnes (vacances).* ☐ Der Schüler benutzt **Ausdrücke** wie *Le garçon de mon rêve! J'ai pensé que .* ☐ Die Anzahl an wertenden Ausdrücken und Adjektiven ist aber zu gering.
Cohérence et cohésion Textaufbau / logische Verbindung der Inhalte *(3 points)*	☐ Der Text ergibt eine **sinnvolle Einheit**. Der Text ist sinnvoll aufgebaut. Die Sätze sind inhaltlich gut miteinander verbunden. ☐ Der Schüler verwendet jedoch nur **wenige verbindende Ausdrücke:** *Le lundi, C'était le raison, pourquoi, Le lendemain, Demain.*
Etendue du vocabulaire Wortschatzumfang *(2 points)*	☐ Der Schüler verfügt über **genug Wortschatz, um die Thematik angemessen erfassen und Sachverhalte beschreiben zu können:** *chère, un plan de la ville, mal au cœur, rêve, visiter, bavarder, passer, bises …*
Maîtrise du vocabulaire Korrekte Anwendung des Wortschatzes *(2 points)*	Der Schüler macht einige Fehler bei der **Anwendung des Wortschatzes:** *plan de la ville* (statt *plan de ville*), *la tour d'Eiffel* (statt *la tour Eiffel*), *le lundi* (statt *lundi*), *dans la première étage* (statt *au premier étage*), *C'était le raison, pourquoi* (statt *c'est pourquoi / c'est la raison pour laquelle*), *sortis* (statt *descendus*), *nous avons fait un rendez-vous* (statt *nous avons fixé un rendez-vous*), *jusqu'à* (statt *jusqu'à ce que*), *m'ont enlevé* (statt *sont venus me chercher*), *tu étais des bonnes vacances* (statt: *passes*). Der Text ist aber dennoch gut verständlich und liest sich gut.

Grille d'évaluation *(25 points)*	Hinweise
Maîtrise de l'orthographe lexicale Korrekte Rechtschreibung, Zeichensetzung, Paragrafenbildung *(2 points)*	☐ Der Text ist strukturiert **aufgebaut** (angemessene Anrede, Einleitung, Hauptteil, Schlussformel) und dadurch gut lesbar. ☐ Leider hat der Schüler keine **Absätze** gemacht. ☐ Der Schüler setzt die **Akzente** fast immer richtig. (Ausnahme: *interessant* statt *intéressant*) ☐ Der Schüler hat die Kommas falsch gesetzt *(Lundi soir…, Le lendemain…,).*
Degré d'élaboration des phrases Komplexität der Satzstrukturen *(2 points)*	☐ Der Schüler kann einfache Satzstrukturen fehlerfrei bilden. ☐ Gängige, komplexere Satzkonstruktionen wie z. B. Relativsätze oder die indirekte Rede kommen leider kaum vor. *(J'ai pensé que…, J'espère que …)*
Choix des temps et des modes Verwendung der Zeiten und Modi *(2 points)*	☐ Folgende **Zeiten** werden im richtigen Zusammenhang angewandt: *présent, passé composé, imparfait, futur composé* ☐ Das *Conditionnel* wird jedoch nicht verwendet.
Morphosyntaxe – orthographe grammaticale Grammatikalische Richtigkeit (Zeitenbildung, Accord bei Nomen und Adjektiven etc.) *(2 points)*	☐ Der Schüler macht einige **Grammatikfehler.** Beispiele: *nous avons faire* (statt *nous avons fait*), *Les magasins était très grand* (statt *étaient très grands*), *hautement* (statt *haut*), *rapide* (statt *rapidement*), *J'ai pensé que ce n'est pas intéressant* (statt *que ce n'était pas…*), *à côté de Louvre* (statt *à côté du Louvre*), *jusqu'à* (statt *jusqu'à ce que*), *tu étaits des bonnes vacances* (statt *tu passes*) ☐ Das Verständnis des Textes wird dadurch jedoch nicht beeinträchtigt.

4. Production orale 25 points

Exercice 1: Entretien dirigé (2 à 3 min)

In der Mindmap zum Thema *Parler de moi* (S. 69) findest du die wichtigsten Ausdrücke, um dich vorzustellen.

Exercice 2: Exercice en interaction (3 à 4 min)

Die folgenden Situationen sind Beispiele für mögliche Dialoge zwischen dir und dem Prüfer.

Situation 1 - Le vol annulé

1. Je peux vous proposer un autre vol demain / ce soir à … heures. Ça vous va?
   Non, il faut absolument que je rentre en Allemagne aujourd'hui. Demain, c'est le mariage de mon frère. Je ne veux pas être en retard.

2. Il y a aussi un vol Paris-Nuremberg cet après-midi, à quatorze heures. Ça vous convient?
   Non, je préfère un vol Paris-Munich. Le mariage est à Munich. Personne ne peut venir me chercher à Nuremberg et je ne veux pas prendre le train pour aller à Munich parce que j'ai beaucoup de bagages.

3. Il y a un autre vol pour aller à Munich à midi, mais il y a seulement des places en première classe. Le supplément est de 100 €. Ça vous intéresse?
   Non, c'est trop cher. Je suis encore à l'école.

4. Vous pouvez aussi prendre le TGV Paris-Munich. Le train partira ce soir à cinq heures et arrivera à Munich vers neuf heures. Est-ce que je dois vous réserver une place?
   Non, merci. Je préfère prendre l'avion. Je voudrais arriver à Munich plus tôt.

5. Ecoutez, comme c'est la faute d'Air France et que vous êtes encore à l'école, vous pouvez voyager en première sans supplément. Alors, vous prenez le vol de midi?
   Oui, bien sûr. C'est gentil madame / monsieur.
   Préférez-vous une place côté couloir?
   Oui, pourquoi pas, mais une place côté fenêtre, ce serait bien aussi.

6. Au cas où il y aurait encore un problème avec le vol, pourriez-vous me donner votre numéro de portable, s'il vous plaît?
   Oui, c'est le 00 49 pour l'Allemagne, puis le 17 24 56 …

Situation 2 - Accident

1. Pourquoi appeler la police? Je pense que ce n'est pas nécessaire.
   Mais si, c'est nécessaire. Monsieur, je suis blessé(e). J'ai mal au pied et à la tête … Et en plus, regardez mon vélo! Il était très cher.

2. Mais l'accident, c'était votre faute! Vous n'avez pas fait attention. Vous rouliez trop vite.
   Ce n'est pas vrai. C'est vous qui rouliez trop vite. Moi, j'ai fait attention.

3. Ma voiture est abîmée! Mais on peut tout régler sur place. Donnez-moi cent euros et on oublie tout.
   Non, je ne suis pas d'accord. On va appeler la police. Elle va tout régler. Je ne vais rien payer, c'est à vous de payer. Je ne suis pas responsable. Il y a des témoins.

4. Votre blessure n'est pas grave. A mon avis, il ne faut pas appeler d'ambulance.
   Mais monsieur / madame, regardez mon pied. Ça fait mal maintenant, c'est gonflé, je pense que c'est cassé. J'ai absolument besoin d'un docteur. Vous vous appelez comment, monsieur / madame? Pourriez-vous me montrer votre carte d'identité, s'il vous plaît?

5. Ma carte d'identité? Je ne l'ai pas sur moi. Mais je peux vous donner mon numéro de téléphone.
   Non, ça ne me suffit pas. Je vais appeler la police. Heureusement, j'ai mon portable sur moi.

Exercice 3: Monologue suivi (5 à 7 min)

Texte 1 - L'argent, ça te rend heureux?

1. Est-ce que tous les jeunes reçoivent de l'argent de poche? Expliquez.
   Non, seulement 40 % des 10-15 ans reçoivent de l'argent de poche régulièrement. Certains jeunes reçoivent beaucoup d'argent et d'autres ne reçoivent rien. A mon avis, ce n'est pas très juste.

2. Combien d'argent est-ce que les ados reçoivent environ?
   En moyenne, les ados reçoivent 15 euros par mois.

3. Est-ce que la richesse a seulement des aspects positifs pour les jeunes? Expliquez.
   Non, selon le texte il y a aussi des problèmes. Les jeunes qui sont riches ne prennent pas conscience de la valeur des choses.

4. Pourquoi est-ce que l'argent de poche joue un rôle important dans l'éducation des jeunes?
   Avec l'argent de poche, les ados apprennent à économiser. C'est important pour plus tard.

5. Combien d'argent de poche est-ce que vous recevez? Comment est-ce que vous dépensez votre argent?
   Moi, je reçois 40 euros par mois. Normalement, je dépense environ 15 euros par mois pour mon portable. J'écris beaucoup de SMS à mes copains. Et en plus, j'achète des CD et des vêtements. Pour moi, c'est important d'avoir des vêtements de marque. Donc, je n'arrive pas à économiser.

6. Est-ce que vous gagnez de l'argent en plus? Comment?
   Oui, parfois je travaille comme vendeur(-se). Ma mère travaille dans un restaurant et le week-end ou pendant les vacances, je peux y travailler aussi. C'est un boulot bien payé. Je gagne à peu près 80 euros par jour.

7. Si vous étiez riche, qu'est-ce que vous feriez avec votre argent?
   Moi, je ferais un voyage en France, dans le sud. Et puis, je m'achèterais une grande maison.

8. «Si on a beaucoup d'argent, on a beaucoup d'amis». Est-ce que c'est vrai?
   Non, ce n'est pas vrai. Je pense que beaucoup de gens sont plus gentils avec vous si vous êtes riches. Mais le problème, c'est que, en général, ce ne sont pas de vrais amis. Un ami est toujours là pour toi, même si tu es pauvre.

9. D'après vous, est-ce que l'argent rend heureux?
   D'un côté, oui. La vie est plus facile quand on a beaucoup d'argent. Par exemple, on peut faire beaucoup de choses: voyager, faire du shopping etc. Mais d'un autre côté, l'argent n'est pas la garantie d'une vie heureuse. Ce n'est pas la chose la plus importante dans la vie.

Texte 2 - Surf: pour les amoureux de la vague

1. Qui peut participer au Championnat master au Pérou?
   Les gens qui ont plus de 35 ans peuvent participer au championnat master au Pérou.

2. Combien de nationalités participent à la compétition?
   Il y a douze pays qui participent à la compétition.

3. Jérémy Florès, qui est-ce?
   C'est un surfeur qui vient de la Réunion. L'année dernière, il était le meilleur débutant du WCT.

4. Qu'est-ce que c'est le «WCT»?
   C'est un championnat du monde. Les meilleurs surfeurs professionnels y participent.

5. Jérémy Florès est une idole pour beaucoup de surfeurs. Vous avez aussi un(e) idole? Décrivez-le(-la).
   Moi, je suis un fan de Leona Lewis. C'est une très bonne musicienne. Sa voix est magnifique, elle chante très bien. Ma chanson préférée est «Bleeding in Love». Je voudrais bien aller à un de ses concerts. Je trouve aussi qu'elle est très jolie. Elle est mince, elle a les cheveux longs et un très joli visage. J'aime aussi son style de vêtements.

6. Est-ce que vous aimez les sports aquatiques? Lesquels? Pourquoi (pas)?
   Parfois, je fais de la natation, mais seulement en été. Je ne fais pas d'autres sports aquatiques, comme le surf ou la voile. Il n'y a pas de lac près de chez nous et je n'aime pas les piscines.

7. Est-ce que vous pratiquez d'autres sports? Avec qui? Quand? Où?
   Mon sport préféré, c'est le tennis. Je joue dans le club de notre ville. Normalement, je joue deux fois par semaine. Mais j'aime aussi faire du jogging. Et parfois, je joue au volley avec mes amis. J'aime les sports qu'on fait en équipe.

8. A votre avis, est-ce que c'est important d'avoir des cours de sport à l'école?
   Oui, je trouve ça très important. Beaucoup de jeunes ne font pas assez de sport pendant leur temps libre. Ils préfèrent regarder la télé ou jouer à l'ordinateur. Mais ce n'est pas bien pour la santé. A mon avis, il faut faire du sport pour rester en forme. On se sent beaucoup mieux si on fait du sport. Les cours de sport à l'école peuvent aider les jeunes à trouver un sport qu'ils peuvent pratiquer plus tard.

Dauer: 20 Minuten **25 points**

Was erwartet dich in diesem Prüfungsteil?	TIPP
Dieser Prüfungsteil gehört nicht mehr zum DELF B1. Die Version ist jedoch in Bayern ein zusätzlicher Teil der Abschlussprüfung Französisch an Realschulen. Nachdem du die Aufgaben zur DELF B1-Prüfung gemacht und abgegeben hast, bekommst du noch **20 Minuten Zeit**, um einen **französischen Text ins Deutsche zu übersetzen** *(= Version)*.	Bei der Übersetzung vom Französischen ins Deutsche solltest du auf folgende Punkte achten: • Bevor du mit der Übersetzung des Textes beginnst, **lies dir den Text einmal ganz durch**, damit du den Gesamtzusammenhang des Textes verstehst. Dies kann dir bei der Erschließung unbekannter Wörter helfen und die Übersetzung des Textes erleichtern. • Denke daran, dass dir **Worterschließungstechniken** (Siehe Seite 5) auch bei der *Version* sehr hilfreich sein können. • Beachte, dass ein französisches Wort **verschiedene deutsche Bedeutungen** haben kann, je nachdem in welchem Zusammenhang es gebraucht wird (z. B. *une pièce*: Zimmer, Theaterstück, Geldstück). Versuche also, die **logisch richtige Bedeutung** der Wörter herauszufinden. • Denke an sogenannte ***faux amis***, d. h. frz. Wörter, deren Form einem deutschen Wort sehr ähnlich ist, die jedoch im Deutschen eine andere Bedeutung haben (z. B. frz. *un gymnase* ≠ dt. ein Gymnasium) • Achte darauf, dass sich **Satzbau und Ausdrucksweise im Deutschen und Französischen oft unterscheiden** und deshalb eine Wort-für-Wort-Übersetzung oft nicht möglich ist. So wird z. B. *Mise en relief* (= Hervorhebung mit *c'est… qui / que*) im Deutschen nicht übersetzt, und das Wort *en* muss in folgendem Beispiel mit *im Jahre …* übersetzt werden. *C'est en 2008 que j'ai visité la Bretagne.* Ich habe die Bretagne im Jahre 2008 besucht. • Wenn du mit deiner Übersetzung fertig bist, **lies dir den Text noch einmal durch**. Hast du in **gutes Deutsch** übersetzt oder würde man manche Dinge im Deutschen anders ausdrücken? Gibt deine Übersetzung einen **Sinn** oder hast du manche Zusammenhänge falsch verstanden und nicht korrekt übersetzt?

Texte 1

Traduisez le texte suivant en allemand. **25 points**

Enquête: Moi et ma chambre

1. Dis-moi comment est ta chambre, / je te dirai qui tu es! 2
2. **Adrien:**
«Avant, il n'y avait pas de mur / et pour aller dans la chambre de ma sœur, on passait par la mienne. 2
3. Il y a six ans, / mes parents ont fait des travaux. / Ma chambre est plus petite maintenant, / mais je suis tranquille.» 4
4. **Amélie:**
«A mon bureau, / je n'y suis jamais. / Je fais mes devoirs principalement sur mon lit / ou, parfois, par terre. 4
5. Je suis dans ma chambre surtout pour dormir et travailler. / Mais je passe beaucoup de temps / dans d'autres pièces / sur l'ordinateur ou à faire de la musique. 4
6. **Lou:**
«C'est un peu énervant de partager la même chambre. / Si on invite des copains à dormir, on n'est jamais seul. 2
7. Mon frère et moi, on s'entend très bien / malgré quelques disputes. / Ce qui l'énerve le plus, c'est mon réveil disco: / le matin, il s'allume et joue de la musique rock!» 4
8. **Louise:**
«Ma chambre reflète ma personnalité: / sur le mur, j'ai mis un tee-shirt de basket avec mon prénom. / C'est un souvenir offert par mon frère et ma sœur.» 3

D'après Okapi, 15 mai 2008, p. 28 – 31

Texte 2

Traduisez le texte suivant en allemand. **25 points**

Délégué(e)* de classe – Pourquoi pas moi?

1. A la rentrée, / la classe choisit ses délégués. / Okapi fait une enquête en classe. 3

*Jeanne, 12 ans, déléguée en 5ème ***

2. «Pour moi, une bonne ambiance de classe est importante. 1
3. En début d'année, / j'ai organisé un dîner et décoré la salle. 2
4. Quand j'ai mené ma campagne, / je disais à mes copains: / «Je suis mieux que les autres candidats!» 3
5. J'ai aussi collé dans la classe une affiche avec des lettres en couleurs: «Votez Jeanne!» / / 2

*Léna, déléguée en 4ème***

6. «Comme déléguée, j'aide toujours quand je peux. / Une élève avait des mauvaises notes, / mais était prête à faire des efforts. 3
7. Je lui ai dit: si tu travailles, tu passeras. / Et j'ai entendue dire / qu'elle n'avait pas redoublé.» 3

*Chloé, 14 ans, déléguée en 3ème ***

8. «Pendant chaque réunion des délégués, / il y a plusieurs choses à discuter. / Sur chaque point, nous demandons aux élèves de notre classe leurs opinions. 3
9. Par exemple, les toilettes étaient très sales. / On a décidé / qu'un nouveau service de nettoyage serait organisé le midi. 3
10. Comme déléguée, je peux agir sur la vie du collège. / Notre voix a de l'importance!» 2

**délégué de classe: élève qui représente la classe auprès des profs*
*** Il ne faut pas traduire ces expressions.*

D'après Okapi, le 1er mai 2008, p. 28 – 33

Texte 3

Traduisez le texte suivant en allemand. **25 points**

Le festival de Cannes

1. C'est à la fin des années 30 / que l'idée d'un festival international du cinéma en France est née. 2
2. Jean Zay, le ministre de l'éducation et de la culture de l'époque, était très intéressé par le projet. / Plusieurs villes ont posé leur candidature et Cannes a été choisie. / / 3
3. Depuis soixante et un ans, / le festival de Cannes réunit des réalisateurs, producteurs et acteurs du monde entier. / / Pour eux c'est l'occasion de présenter leur travail, / de faire des affaires et, pourquoi pas, de remporter la Palme d'or. / / 6
4. La Palme d'or est le prix le plus connu et le plus important du festival. / Mais il y en a beaucoup d'autres, comme par exemple le prix de la meilleure actrice et du meilleur acteur. / / 3
5. Il y a même un prix spécial pour les jeunes qui est organisé par un jury composé de jeunes réalisateurs, acteurs et étudiants. / / 2
6. Pour beaucoup, le Festival est un lieu de rencontre pour les stars internationales. / Chaque année, plus de quatre mille journalistes viennent les photographier sur le tapis rouge. / / 3
7. Mais le Festival de Cannes, c'est aussi une compétition très dure où il y a beaucoup à organiser. 2
8. En 2008, le jury du festival a sélectionné 83 films / sur les 1800 vus. 2
9. Un film présenté à Cannes qui plaît aux spectateurs, / c'est une bonne publicité pour son réalisateur et ses acteurs. 2

Texte 1

1. Sag mir, wie dein Zimmer aussieht und ich werde dir sagen, wer du bist!
2. Vorher gab es keine Wand und um in das Zimmer meiner Schwester zu gelangen, musste man durch meins gehen.
3. Vor sechs Jahren haben meine Eltern umgebaut. Mein Zimmer ist jetzt kleiner, aber ich habe meine Ruhe.
4. Ich sitze nie an meinem Schreibtisch. Ich mache meine Hausaufgaben hauptsächlich auf meinem Bett oder manchmal auf dem Boden.
5. Ich bin vor allem in meinem Zimmer, um zu schlafen und zu arbeiten. Aber ich verbringe auch viel Zeit in anderen Räumen, am Computer oder um Musik zu machen.
6. Es ist ein bisschen nervig, das Zimmer zu teilen. Wenn man Freunde zum Übernachten einlädt, ist man nie [mit ihnen] alleine.
7. Abgesehen von dem ein oder anderen Streit, verstehe ich mich mit meinem Bruder gut. Am meisten nervt ihn mein Diskowecker: Morgens schaltet er sich ein und spielt Rockmusik!
8. Mein Zimmer spiegelt meine Persönlichkeit wider. Ich habe ein Basketball-T-Shirt mit meinem Namen an der Wand befestigt. Das ist ein Erinnerungsstück, das ich von meinem Bruder und meiner Schwester bekommen habe.

Texte 2

1. Zu Schulbeginn wählt die Klasse ihre Klassensprecher. Okapi macht eine Umfrage in der Klasse.
2. Für mich ist eine gute Atmosphäre / ein gutes Klima in der Klasse wichtig.
3. Am Anfang des Jahres habe ich ein Abendessen organisiert und das Klassenzimmer dekoriert.
4. Als ich meinen Wahlkampf geführt habe, habe ich zu meinen Freunden gesagt: Ich bin besser als die anderen Kandidaten!
5. Ich habe ebenfalls in der Klasse ein Poster mit „Wählt Jeanne!“ in farbigen Buchstaben aufgehängt.
6. Als Klassensprecherin helfe ich (natürlich) immer, wenn ich kann. Eine Schülerin hatte schlechte Noten, aber sie war bereit sich anzustrengen.
7. Ich habe (ihr) gesagt: Wenn du arbeitest, wirst du bestehen. Und ich habe gehört, dass sie die Klasse nicht wiederholt hat.
8. Während jedes Klassensprechertreffens gibt es verschiedene Dinge zu diskutieren. Zu jedem Punkt fragen wir unsere Mitschüler nach ihrer Meinung.
9. Zum Beispiel waren die Toiletten schmutzig. Wir haben beschlossen, dass mittags ein neuer Reinigungsdienst eingerichtet würde.
10. Als Klassensprecherin kann ich das Schulleben mitbestimmen. Unsere Stimme ist wichtig!

Texte 3

1. Die Idee eines internationalen Filmfestivals in Frankreich entstand Ende der 30er Jahre.
2. Jean Zay, der damalige Kultusminister, war sehr an dem Projekt interessiert. Mehrere Städte haben sich beworben und Cannes wurde ausgewählt.
3. Seit 61 Jahren vereint das Festival von Cannes Filmregisseure, Filmproduzenten und Schauspieler aus der ganzen Welt. Für sie ist es eine Gelegenheit, ihre Arbeit zu präsentieren, Geschäfte abzuschließen und, möglicherweise sogar, die goldene Palme zu gewinnen.
4. Die goldene Palme ist der bekannteste und wichtigste Preis des Festivals. Aber es gibt noch viele andere wie z. B. den Preis für die beste Schauspielerin oder den besten Schauspieler.
5. Es gibt sogar einen besonderen Preis für Jugendliche, der von einer Jury organisiert wird, die sich aus jungen Regisseuren, Schauspielern und Studenten zusammensetzt.
6. Für viele ist das Festival ein Treffpunkt der internationalen Stars. Jedes Jahr kommen mehr als 4000 Journalisten, um sie auf dem roten Teppich zu fotografieren.
7. Aber das Festival von Cannes ist auch ein sehr harter Wettbewerb, bei dem es sehr viel zu organisieren gibt.
8. Im Jahr 2008 hat die Jury 83 aus 1800 angesehenen Filmen ausgewählt.
9. Ein Film, der in Cannes gezeigt wird und der den Zuschauern gefällt, ist eine gute Werbung für seinen Regisseur und seine Schauspieler.

Parler de moi

Ma famille et moi
- Je m'appelle …
- J'ai … ans.
- Je suis fille / fils unique. / J'ai … frères et … sœurs.
- Mes parents sont divorcés.
- J'ai des animaux (lapins, cochons d'Inde, …).

Ma ville
- J'habite à …, en Allemagne.
- Dans ma ville, il y a …
- J'aime y habiter parce que …
- Je préfèrerais habiter à … parce que …
- Ça me plaît d'habiter en ville / à la campagne parce que …

Ma maison / mon appartement
- Nous habitons dans une grande / petite maison avec un jardin…
- J'ai une chambre à moi …
- Je partage une chambre avec …
- J'adore ma chambre parce que …
- Dans ma chambre, il y a …

Mon école
- Je vais à l'école / au collège à …
- Mes matières préférées sont …
- Dans mon école, il y a …
- Je suis dans le club de théâtre, dans un groupe de danse, je chante dans la chorale …
- Je (ne) suis (pas) content(e) d'être dans cette école parce que …

Mes amis
- Mes meilleurs amis s'appellent …
- Ils ont … ans.
- On s'entend bien parce que …
- On se retrouve souvent pour …
- On se dit tout, par exemple …

Mes projets pour l'avenir
- Je voudrais devenir … (infirmier(-ière), mécanicien(ne) …)
- Après l'école, je ferai un stage / apprentissage …
- J'ai l'intention de passer le bac / d'étudier à l'université / d'étudier le français / de faire des études de français …

Mes plats préférés
- Pour le petit-déjeuner / déjeuner / dîner, je préfère / j'adore manger … (de la pizza, des pâtes, des légumes, des fruits, des céréales, du yaourt …)
- Mais je déteste / n'aime pas du tout … (le poisson, la salade …)
- Comme boisson, j'adore le coca, le café, l'eau minérale, le jus d'orange …

Mes vêtements préférés
- J'aime mettre des jupes, des jeans, des pantalons …
- Je préfère les vêtements de marque.
- Pour moi, avoir des vêtements de marque, ce n'est pas important …
- Je dépense beaucoup / peu d'argent pour les vêtements parce que …
- Etre à la mode, c'est important pour moi parce que …

Mes hobbies
- Mon passe-temps préféré, c'est … (le vélo / lire …)
- J'adore faire … (du shopping, de la danse, du VTT, de la natation, du foot, de la musique, du cheval …)
- Je joue du piano, de la guitare, de la batterie, de la flûte, du violon …
- Je joue au foot, aux cartes …
- J'aime nager, écouter de la musique, sortir avec mes amis, aller au cinéma, dormir …

Mon argent de poche
- Chaque mois / semaine, je reçois … €.
- Mes parents me donnent … € d'argent de poche par mois / semaine.
- A mon avis, c'est assez / ce n'est pas assez parce que …
- Pendant les vacances / le week-end, je travaille pour gagner plus d'argent.
- Je dépense la plupart de mon argent pour …

L'école

Le système scolaire
- l'école maternelle
- l'école primaire
- le collège
- le lycée / le lycée technique
- l'université
- Il faut passer des examens.
- Si on rate des examens / Si on a des mauvaises notes, on redouble.

Où aller?
- la salle de classe (avec tables, chaises, tableaux, armoires, étagères, …)
- la cour de récréation
- le gymnase
- la cantine / le café / la cafétéria

Qui?
- le directeur, la directrice
- le / la principal(e) (du collège)
- le / la proviseur(e) (du lycée)
- les profs
- les élèves
- les secrétaires
- le concierge

Les matières
- l'anglais, le français, l'allemand, l'histoire, la géographie, la religion, l'éducation civique
- les S.V.T., la chimie, la physique, les maths
- le dessin, la musique, l'informatique
- l'E.P.S. (Education Physique et Sportive, le sport)

J'ai cours de 8 à 13 heures. L'après-midi, je suis libre. Mes récréations sont de 9 heures et demie à 10 heures moins le quart et de 11 heures et quart à 11 heures et demie.

Que faire?
- Il faut écouter, apprendre, travailler, poser des questions, répondre aux questions, faire des exercices, écrire, calculer, lire, dessiner, faire du sport, chanter, être à l'heure …
- Il ne faut pas parler, manger et boire pendant les cours, courir dans les couloirs, fumer, apporter des objets dangereux, être en retard …

Et l'après-midi?
- On peut être membre d'un club à l'école: le club de danse, la chorale, le club de théâtre, l'orchestre …
- On peut aussi participer au groupe écologiste, au groupe de secourisme, au groupe de lutte contre le racisme.

Dans un cartable, …
- il y a des livres, des cahiers, des stylos, des agendas, …
- il y a aussi des sandwichs, des fruits, du chocolat et des boissons.
- On trouve aussi des porte-monnaie et des portables.

Les devoirs
- Je fais mes devoirs à 3 heures / l'après-midi / le soir jusqu'à 20 heures.
- Je les fais dans ma chambre, dans la cuisine, …
- Je les fais seul(e), avec mon meilleur copain, avec ma mère / sœur, …
- J'utilise l'ordinateur / Internet pour faire mes devoirs.

Habiter, mais comment ?

Dans un *village*, il y a …
– une épicerie
– une église
– une école
– un château
– des petites rues
– des cafés
– des places.

La vie est calme et lente.
Tout le monde se connaît.

Dans une *ville*, il y a …
– des musées
– des grands magasins
– des cathédrales
– des théâtres
– des grands immeubles
– des boutiques.

Il y a beaucoup de choses à faire.
Mais il faut faire la queue et attendre longtemps à la caisse.

A la *campagne*, il y a …
– des fermes avec des vaches / cochons / moutons / poules …
– des forêts
– des lacs
– des champs
– des collines
– des rivières.

Dans la *salle de séjour*, il y a …
– un canapé avec des coussins et un fauteuil
– une table avec des chaises
– un tapis
– des rideaux
– des étagères
– la télé.

Habiter *dans une maison*
– Il y a des maisons avec balcon, terrasse, jardin et garage.
– Il y a plusieurs étages: la cave au sous-sol, le rez-de-chaussée, le premier / deuxième / troisième étage et le grenier sous le toit.

Habiter *dans un appartement*
Il y a plusieurs pièces:
– la salle de séjour
– la salle à manger
– la cuisine
– la salle de bains
– les toilettes
– les chambres (la chambre)
– le couloir.

Dans la *chambre*, il y a …
– un lit avec des draps, une couverture et un oreiller
– une lampe
– une armoire avec des vêtements
– un radiateur
– un réveil
– une étagère
– un ordinateur.

Les vêtements – faire les magasins

Les vêtements
pour un homme et une femme:
- un pull
- un pantalon
- un jean
- un blouson
- un imperméable
- un manteau
- un anorak
- un jogging
- un pyjama
- un short
- un T-shirt
- un maillot de bain
- un slip
- une veste
- une chemise
- des chaussettes *(f.)*

pour un homme:
- un costume *(Anzug)*
- une cravate

pour une femme:
- une jupe
- une robe
- une culotte
- un collant *(Strumpfhose)*
- un soutien-gorge
- un chemisier *(Bluse)*
- un ensemble *(Kostüm)*
- un tailleur *(Blazer)*

Les chaussures
- des chaussures *(f.)* à talons hauts / plats *(mit hohen / flachen Absätzen)*
- des bottes *(f.)*
- des baskets *(f.)*
- des sandales *(f.)*

Quelques accessoires
- une ceinture
- une écharpe en soie
- des gants *(m.)* en laine / cuir
- un parapluie
- des lunettes de soleil
- un sac à main
- un chapeau
- un mouchoir

Les bijoux
- un bracelet
- une boucle d'oreille
- un collier
- une broche
- une bague
- une montre *(Armbanduhr)*

Le matin, je m'habille.
Le soir, je me déshabille.

Il / elle est toujours bien <> mal habillé(e).
Elle est élégante / très chic.

Elle met des vêtements à la mode.
(à la mode <> démodé).

Mes parents me donnent 60 euros d'argent de poche par mois.

Je dépense beaucoup d'argent pour les vêtements.
(dépenser <> économiser)

Avec une carte bancaire, on peut retirer de l'argent au distributeur automatique.

On peut payer avec une carte de crédit.

de la monnaie = des pièces pour payer
un billet = *Geldschein*

Je peux vous aider?
Je peux vous renseigner?
Vous désirez?
Vous voulez essayer cette jupe?

Je voudrais acheter un pull / essayer la jupe verte qui est dans la vitrine.

Quelle taille faites-vous? / Quelle est votre taille?
– Je fais du 38.
Quelle est votre pointure?
– Je fais du 38. / Je chausse du 38.

Ça va? / Ça vous plaît?
– La couleur me va bien, mais la forme ne me va pas.

Est-ce que ce pull noir va bien avec mon pantalon bleu?

Je suis désolé(e), mais je n'ai plus ce modèle dans votre taille.
– Quels modèles est-ce que vous avez dans ma taille?

C'est trop petit / grand. Est-ce que vous avez le même modèle en 40?

L'alimentation

Au restaurant:

Le menu:
- l'entrée *(f.)*
- le plat principal
- le dessert
- les boissons

La carte, s'il vous plaît.

Vous avez choisi?
- Oui, je voudrais une assiette de crudités …
- Je vais prendre …
- Qu'est-ce que vous avez comme dessert?
- Est-ce que je peux avoir … à la place de …?

Qu'est-ce que vous prenez comme entrée?
Et comme boissons?

Un café et l'addition, s'il vous plaît.

Les boissons

- de l'eau
- du coca
- du jus d'orange
- du thé
- du café
- de la limonade
- de la bière
- du vin
- du cidre
- du chocolat chaud

Les fruits

- un abricot
- une fraise
- une cerise
- une pomme
- une pêche
- une banane
- une orange
- du raisin
- une poire
- un citron
- des framboises

Les légumes

- une pomme de terre
- une courgette
- des haricots verts
- un concombre
- une tomate
- une carotte
- une laitue
- une salade
- une aubergine
- un oignon

Au supermarché:

- un yaourt
- du fromage
- du lait
- des œufs
- du beurre
- du sucre / sel / poivre
- de la farine
- de la glace
- des pâtes
- une pizza
- du riz

A la boulangerie / pâtisserie:

- une baguette / du pain
- une tarte / un gâteau
- un pain au chocolat
- un croissant

A la charcuterie / boucherie:

- de la viande
- du jambon
- une saucisse
- un poulet

A la poissonnerie:

- du poisson

Où fait-on les courses?

- à la boulangerie
- à la pâtisserie
- à l'épicerie
- à la boucherie
- à la charcuterie
- à la poissonnerie
- au marché
- au centre commercial
- au supermarché
- dans une grande surface (= un grand supermarché) > le rayon boucherie / cosmétique…

Combien?

- un litre **de** (jus de fruits)
- une bouteille **de** (lait)
- un kilo **de** (sucre)
- 200 grammes **de** (jambon)
- une pincée **de** (sel)
- un peu **de** <> beaucoup **de** (poivre)
- un pot **de** (confiture)
- une tranche **de** (pain / jambon)
- un morceau **de** (fromage)
- un paquet **de** (biscuits)
- un sac **de** (pommes de terre)
- une tablette **de** (chocolat)
- un tube **de** (mayonnaise)

Faire les courses … Qu'est-ce qu'on dit?

Vous désirez?
- (Une tarte), s'il vous plaît!
- Je voudrais …
- Est-ce que je peux avoir …
- Vous avez …?

Je vais prendre …

Ça fait combien? / C'est combien?
Combien coûte …?
Quel est le prix de …?

C'est un peu cher <> bon marché

Et avec ça? – C'est tout, merci.

Je voudrais commander …

Voyager

Quand?
Nous sommes partis en voyage …
- **en** automne / été / hiver
  au printemps
- pendant les vacances d'été / d'hiver
- l'année dernière

On va passer nos prochaines vacances (à Paris / en France / …)

Où?
Nous sommes allés
- **à** Nantes / Paris / ….
- **en** France / Italie / Espagne / Autriche / Angleterre / Belgique / Grèce …
- **aux** Etats-Unis, **au** Canada …
- à l'étranger.
- à la mer / montagne / campagne.

Avec qui?
J'ai passé mes vacances …
- seul(e).
- avec des amis.
- avec mon meilleur copain / ma meileure copine.
- avec ma famille / ma sœur / mon frère / mon père / ma mère …

Quel transport?
Nous sommes allés … / Nous avons voyagé …
- en bus.
- en train.
- en voiture.
- en avion.

On a pris le métro / le tram / le bus / un taxi / … pour aller à …

La météo
Quel temps fait-il?
Il fait beau.
Il fait un temps magnifique.
Il fait gris. Le ciel est couvert.
Il fait un temps épouvantable (= très mauvais).

Il pleut. (> la pluie)
Il neige. (> la neige)

Il y a …
- du soleil.
- des nuages.
- du vent.
- de la neige.
- du brouillard.
- du verglas sur les routes.

Il y a un orage. On entend le tonnerre. On voit un éclair dans le ciel. Il y a une tempête. Le vent souffle très fort.

La température:
Il fait 25° («Il fait vingt-cinq»).
Il fait chaud <> froid.
Il fait frais <> doux.

Quel hébergement?
Nous avons passé la nuit
- dans un hôtel.
- dans une auberge de jeunesse.
- dans un club de vacances.

On a fait du camping.
> une tente / une caravane
> un terrain de camping

Activités
A la mer / Au bord d'un lac:
- On a fait du surf / de la natation / de la voile.
- On s'est baignés.
- On a ramassé des coquillages.
- J'aime le soleil. J'aime bronzer.

A la montagne:
- On a fait du ski / du snowboard.
- On a choisi les pistes rouges / noires / bleues.
- On a pris les remontées mécaniques pour monter au sommet de la montagne.

Autres activités:
- On a fait du VTT / du volley / du basket / de la danse / du shopping / …
- Le soir on est sortis / on a mangé dans un restaurant.

Se renseigner …
- Pardon, monsieur, je suis un peu perdu, je cherche …
- Où se trouve …, s'il vous plaît? / Pour aller à …, s'il vous plaît?
- Où est-ce qu'il y a une station de métro?
- C'est loin d'ici? (loin <> près)
- Prenez le métro en direction de … et vous descendez à …
- Vous allez à droite <> à gauche. Puis, vous continuez tout droit et allez jusqu'au bout de la rue. Après, vous prenez la première / deuxième / … rue à gauche.
- Vous traversez la place.
- Le métro est sur votre droite / gauche.
- Le supermarché est en face.
- Il y a un arrêt de bus devant / derrière la station de métro.

L'environnement

la pollution

la pollution de l'air à cause de l'automobile
– le pot catalytique
– utiliser les moyens de transport en commun (le métro, le bus, le train)

l'effet de serre à cause de la réduction de la couche d'ozone

les pluies acides

la pollution des mers par les pétroliers
– la marée noire

polluer

– jeter
– gaspiller (les ressources)
– déboiser (les forêts)
– intoxiquer
– contaminer (les rivières, les mers …)
– détruire (→ la destruction) la flore (= les plantes)
– mettre en danger la faune (= les animaux)

les matériaux

– un produit chimique
– un produit biodégradable
– le verre
– une bouteille en plastique
– le métal (une canette, une conserve)
– les papiers (journaux, magazines, cartons)
– un gaz toxique

la protection

protéger

– économiser l'énergie
– recycler (→ le recyclage)
– trier les déchets / ordures (→ le tri)
– acheter bio
– respecter la nature
– réduire l'émission des gaz toxiques / des gaz à effet de serre
– collecter les déchets, organiser une opération de nettoyage
– manifester (→ une manifestation)

NON

– au gaspillage des ressources non renouvelables
– au déboisement des forêts
– à l'utilisation des produits non recyclables
– à l'exploitation des mers
– aux produits polluants

les déchets

– les déchets ménagers / les ordures ménagères
– une poubelle
– un container à papier / à verre
– les emballages
– les sacs en plastique
– une déchetterie
– une usine d'incinération

Les médias

Au téléphone
- Tu as un téléphone portable / fixe?
- Tu peux laisser un message sur mon répondeur.
- Tu me téléphones / contactes sur mon portable?
- Mon mobile est toujours allumé / souvent éteint.

Au cinéma
- des films d'action / d'amour / policiers / de science-fiction
- Je préfère voir / regarder le film …
- *Ratatouille* passe au ciné en ce moment.

La presse écrite
- les magazines / revues, les journaux, …
- Toutes les semaines, j'achète un journal au kiosque pour lire les articles de sport.
- Moi, j'adore les publicités et les photos de mode.
- Je suis abonné(e) à une revue pour les jeunes / la jeunesse.

L'informatique
- un ordinateur, un écran, une souris, un ordinateur portable, une clé USB
- J'ai une adresse e-mail.
- Tu peux m'envoyer un courrier électronique / e-mail.
- Je regarde si j'ai des messages tous les jours. / Je reçois beaucoup de messages.

La télévision et la radio
- Je préfère les chaînes: Arte, M6, TF1, France 2, TV5 …
- Mes émissions préférées sont les séries policières, les dessins animés, les actualités, les documentaires, les jeux, les émissions musicales, la météo …
- Je déteste la pub!
- Tu as un magnétoscope?
- J'allume la télé à 20 heures et je l'éteins à 22 heures.

Critique d'un film / d'un livre
- Il s'agit d'un roman d'amour / d'un drame …
- Les acteurs jouent bien. <> Ils jouent mal.
- L'actrice est jolie / belle: elle est mince, elle a les cheveux longs / courts / blonds / bruns / noirs et les yeux noirs / bleus / verts.
- L'acteur est moche: il est gros, il a un grand nez, une petite bouche et une grande barbe.
- C'est un film / un livre passionnant / avec beaucoup de suspense. <> C'est ennuyeux.
- C'est un film drôle / rigolo. <> C'est un film sérieux.
- Ce n'est pas réaliste.
- C'était affreux / l'horreur. <> C'était magnifique / merveilleux.
- J'adore la musique / le paysage / les villes / … du film.

Téléphoner

Téléphoner à un ami

Allô, Julien. Salut, c'est Léon!
Tu peux me passer Sophie? /
Est-ce que Sophie est là?

Scène 1

– Attends, je vais voir si elle est là. Ne quitte pas. Je te la passe!

Scène 2

– Sophie n'est pas là. Elle est partie.
– Tu peux lui dire de me rappeler?
– D'accord, je lui laisse un mot sur la table.

Téléphoner de manière formelle

Scène 1

Bonjour. Je voudrais parler à M. / Mme Moreau, s'il vous plaît.

– Ne quittez pas. M. / Mme Moreau n'est pas là. Vous voulez laisser un message?
– Non, merci, je rappellerai plus tard. Au revoir.

Scène 2

Bonjour. Je voudrais parler à M. / Mme Moreau, s'il vous plaît.

– M. / Mme Moreau n'est pas là. Vous voulez laisser un message?
– Oui, dites à M. / Mme Moreau de me rappeler. Je vous donne mes coordonnées. Mon numéro de téléphone, c'est le …

Mauvais numéro

– Bonjour, pourrais-je parler à M. / Mme Moreau, S.V.P.?
– Désolé(e), vous vous êtes trompé de numéro / vous avez fait un faux numéro.

Le répondeur / la messagerie

Bonjour, vous êtes bien sur le **répondeur** de … Je ne suis pas là pour le moment, mais vous pouvez me laisser un message après le bip sonore. Je vous rappellerai dès mon retour.

Bonjour, vous êtes sur la messagerie de … Veuillez laisser votre message après le bip sonore.

Mit dem vorliegenden Lernprotokoll kannst du deine Lernfortschritte genau dokumentieren. Notiere, wann du welche Aufgaben gemacht hast und beurteile dich selbst. Schreibe dann auf, was du noch lernen und üben solltest.

Hören

Das kann ich schon sehr gut.

Hier bin ich mir noch unsicher – ich werde noch üben!

Ich kann ...	**Teste dich durch folgende Aufgaben:**	**Wann habe ich geübt? Und wie lange?**			**Was genau sollte ich noch (besser) lernen und üben? Wann werde ich das tun?**
Nachrichten (*Verkehrsfunk, Wetterbericht usw.*) im Radio verstehen.	Examen 1, Ex. 1	am			
Reportagen – über einen *Film* – zum Thema *Ernährung* verstehen.	Examen 1, Ex. 2 Examen 2, Ex. 3				
Interviews zu den Themen – *Schule* – *Sport* verstehen.	Examen 1, Ex. 3 Examen 3, Ex. 3				
Gespräche zum Thema *Reisen* verstehen.	Examen 2, Ex. 1				
Radiosendungen zum Thema *Musik* verstehen.	Examen 2, Ex. 2				
Nachrichten auf einem Anrufbeantworter verstehen.	Examen 3, Ex. 1				
öffentliche Durchsagen verstehen.	Examen 3, Ex. 2				

Das kann ich schon sehr gut.

Hier bin ich mir noch unsicher – ich werde noch üben!

Lesen

Ich kann …	**Teste dich durch folgende Aufgaben:**	**Wann habe ich geübt? Und wie lange?**			**Was genau sollte ich noch (besser) lernen und üben? Wann werde ich das tun?**
Internetanzeigen zu den Themen – *Finden einer Reiseunterkunft* – *Job im Ausland* – *Partnersuche* verstehen und auswerten.	Examen 1, Ex. 1 Examen 2, Ex. 1 Examen 3, Ex. 1	am			
aktuelle Zeitungsartikel zu den Themen – *Werbung* – *Essgewohnheiten* – *Begrüßungsrituale* verstehen.	Examen 1, Ex. 2 Examen 2, Ex. 2 Examen 3, Ex. 2				

Das kann ich schon sehr gut.

Hier bin ich mir noch unsicher – ich werde noch üben!

Schreiben

Ich kann …	**Teste dich durch folgende Aufgaben:**	**Wann habe ich geübt? Und wie lange?**			**Was genau sollte ich noch (besser) lernen und üben? Wann werde ich das tun?**
auf Französisch – zum Thema *Umweltschutz* einen **Artikel** für eine Schülerzeitung verfassen. – einen **Aufsatz über persönliche Erlebnisse** schreiben *(Schulausflug)* und über einen **Film** berichten. – einen **persönlichen Brief** verfassen und dabei über *Ferienerlebnisse* berichten.	Examen 1, Production écrite Examen 2, Production écrite Examen 3, Production écrite	am			

Sprechen

Das kann ich schon sehr gut.

Hier bin ich mir noch unsicher – ich werde noch üben!

Ich kann …	Teste dich durch folgende Aufgaben:	Wann habe ich geübt? Und wie lange?	🙂	😟	Was genau sollte ich noch (besser) lernen und üben? Wann werde ich das tun?
über **mich** und **mein Umfeld** sprechen.	Examens 1 – 3, Ex. 1	am			
ein **Alltagsproblem** sprachlich bewältigen und meinen **Standpunkt** vertreten.	Examens 1 – 3, Ex. 2				
meine **Meinung** zu einer in einem kurzen Text präsentierten Thematik zum Ausdruck bringen.	Examens 1 – 3, Ex. 3				

Wie kann ich mich weiter verbessern?

- Schreibe dir nach der Bearbeitung der Aufgaben wichtige **Vokabeln** aus den Texten und Aufgaben heraus und schlage sie gegebenenfalls im Wörterbuch nach. Du kannst dir Wörter am besten merken, wenn du sie in Sinnzusammenhängen lernst, z. B. mit Bildern, im Satzzusammenhang oder in Form einer Mindmap zu einem bestimmten Thema. Die Mindmaps im Anhang helfen dir dabei. Ergänze diese Mindmaps mit Vokabeln aus den Texten und erstelle dir deine **persönlichen Mindmaps** zu verschiedenen Themengebieten.

- Vergiss nicht: Damit Vokabeln in deinem Langzeitgedächtnis verankert werden, musst du sie in **regelmäßigen Abständen wiederholen**!

- Schaue dir die **Lösungsvorschläge zur *Production écrite* und *orale*** gut an. Sie können dir gute **Ideen und Anregungen** geben. Notiere dir nützliche Redewendungen und versuche die Fehler in den Originalschüleraufsätzen zu korrigieren.

- Denke immer daran: aus Fehlern lernt man! Wichtig ist dabei, dass du **Fehler verbesserst**. Notiere dir typische Fehler und deren Verbesserung und erstelle dir ein **Fehlerprotokoll**. Solltest du bei einzelnen Aufgaben sehr viele Fehler gemacht haben, **gehe sie nach der Verbesserung ruhig noch einmal durch**.